Wortschatz einfach praktisch Niederländisch

Die wichtigsten Wörter und Wendungen

Sofie Melis

Hueber Verlag

3. 2. 1. | Die letzten Ziffern
2015 14 13 12 11 | bezeichnen Zahl und Jahr des Druckes.
Alle Drucke dieser Auflage können, da unverändert, nebeneinander benutzt werden.
1. Auflage

Redaktion: Heike Birner, Stephanie Pfeiffer, Hueber Verlag, Ismaning
Umschlaggestaltung: Parzhuber & Partner, München
Umschlaggestaltung Abbildung:
wentzlaff / pfaff / güldenpfennig kommunikation GmbH, München
Umschlagfotos: Frau: © getty images/Stockbyte;
Schuhe: © iStockphoto/peterkirillov
Zeichnungen: Bettina Kumpe, Braunschweig
Layout: Sarah-Vanessa Schäfer, Hueber Verlag, Ismaning
Satz: Büro Sieveking GmbH, München
Druck und Bindung: Auer Buch + Medien GmbH
Printed in Germany
ISBN 978–3–19–509614–0

Einführung

Der „Wortschatz einfach praktisch Niederländisch" hilft Ihnen, sich schnell und mühelos die wichtigsten niederländischen Wörter und Redewendungen anzueignen. Die 12 thematisch gegliederten Kapitel enthalten circa 1.000 Wörter sowie zusätzlich circa 400 gängige Redewendungen. Ob Sie alleine oder im Kurs lernen, ob Sie einen kurzen Aufenthalt im Land planen, sich auf bestimmte Themen oder Situationen gezielt vorbereiten oder systematisch einen Basiswortschatz aufbauen möchten – durch seine klare, thematische Anordnung und Aktualität ist der „Wortschatz einfach praktisch" das ideale Mittel.

Wie verwende ich den Wortschatz einfach praktisch?

1. Die 12 thematisch gegliederten Hauptkapitel ermöglichen es Ihnen, sich die wichtigsten Wörter eines Sachgebiets rasch zu erschließen. Alle Wortlisten sind ergänzt durch einfache, aktuelle Beispielsätze.
2. Die farbig hervorgehobenen Informationsfelder erklären wichtige sprachliche und landeskundliche Zusammenhänge.
3. Mit den Kurztests nach jedem Kapitel können Sie auf unterhaltsame Weise Ihren Lernfortschritt überprüfen bzw. das Gelernte festigen. Die Lösungen zu den Tests finden Sie im Anhang dieses Buches.
4. Im Internet unter **www.hueber.de/audioservice** können alle Wörter und Redewendungen zum Anhören heruntergeladen werden.

Wie präge ich mir neue Wörter ein?

→ Sehr hilfreich ist es, die Wörter laut zu sprechen. Nutzen Sie dabei die Hinweise zur Aussprache auf den Seiten 107–108.

→ Decken Sie in den Wortlisten jeweils eine Spalte ab – Niederländisch oder Deutsch – und übersetzen Sie die Wörter. Kontrollieren Sie sich anschließend. Ändern Sie die Reihenfolge, in der Sie die Wörter lernen.

→ Üben Sie 8–10 neue Einheiten pro Tag. Wiederholen Sie regelmäßig die an den Tagen zuvor gelernten Wörter.

→ Ihr Lernerfolg wird größer, wenn Sie regelmäßig jeden Tag circa 15 Minuten intensiv lernen, als einmal in der Woche eine Stunde.

→ Verwenden Sie Karteikarten und tragen Sie sie bei sich. Schreiben Sie auf eine Seite das deutsche Wort, auf die andere Seite die niederländische Übersetzung, möglichst mit einem Beispielsatz.

Inhaltsverzeichnis

Vorbemerkungen

Hauptwort – Artikel und Geschlecht

Im Niederländischen gibt es nur zwei bestimmte Artikel in der Einzahl: ***de*** für männliche und weibliche Wörter und ***het*** für sächliche Wörter. Daher spricht man von *de-woorden* und *het-woorden*. Der unbestimmte Artikel ist für alle Geschlechter gleich: ***een*** (ein/-e).
Leider stimmt das Geschlecht der niederländischen Wörter nicht immer mit dem der deutschen überein. Viele niederländische Wörter, die sächlich sind, sind es im Deutschen nicht und umgekehrt.
Beispiele: ***het*** *park* (**der** Park), ***het*** *strand* (**der** Strand), ***het*** *noorden* (**der** Norden) / ***de*** *auto* (**das** Auto), ***de*** *krokodil* (**das** Krokodil), ***de*** *gevangenis* (**das** Gefängnis).

In der Mehrzahl ist der bestimmte Artikel für alle Wortgruppen ***de.*** Eine Mehrzahlform des unbestimmten Artikels gibt es wie im Deutschen nicht.

Hauptwort – Bildung der Mehrzahl

Die meisten Wörter bilden die Mehrzahl mit ***-en***: *vrouw – vrouw**en*** (Frau – Frauen). Wenn ein Wort auf eine Silbe endet, die ein **stummes** ***-e*** (sogenannter „Schwa-Laut“: ə) enthält, wird die Mehrzahl mit ***-s*** gebildet: *moed**e**r – moeder**s*** (Mutter – Mütter).

Folgende Fälle werden im Buch separat angegeben:

- Wörter die auf einen Vokal enden, erhalten in der Mehrzahl ein ***-s*** mit Apostroph: *colleg**a** – collega**'s*** (Kollege – Kollegen).
  Ausnahme: Wenn das Wort auf ein stummes *-e* endet, dann folgt nur ein *-s* ohne Apostroph: *tant**e** – tante**s*** (Tante – Tanten).
- Einige Sonderformen: *kind – kinderen* (Kind – Kinder), *blad – bladeren* (Blatt – Blätter), *perzik – perziken* (nur 1 *k*) (Pfirsich – Pfirsiche), *glas – glazen* (Glas – Gläser), *zwembad – zwembaden* (Schwimmbad – Schwimmbäder), *dal – dalen* (Tal – Täler), *koe – koeien* (Kuh – Kühe)

Eigenschaftswort

Wenn das Eigenschaftswort allein, d. h. ohne Hauptwort steht, bleibt es unverändert: *De vrouw is **klein***. (Die Frau ist klein.) Wenn es hingegen vor einem Hauptwort steht, bekommt es die Endung ***-e***: *de/een **kleine** vrouw* (die/eine kleine Frau).
Auch in der Mehrzahl wird nur die Endung ***-e*** angefügt: *de **kleine** vrouwen* (die kleinen Frauen).
Wichtige Ausnahmen: Wenn das Hauptwort sächlich ist (= *het-woord*) und der unbestimmte Artikel *een* vorangeht, bleibt das Eigenschaftswort unverändert. Das Gleiche gilt bei der Verneinung *geen*: *een **groot** kind – geen **groot** kind* (ein großes Kind – kein großes Kind).

Verben – Imperfekt und Perfekt der unregelmäßigen Verben

Die regelmäßigen Verben bilden ihr Imperfekt und Perfekt wie im Deutschen, indem ein Konsonant (*-t* oder *-d*) an den Stamm gehängt wird: *werken – werk**t**e – gewerk**t*** oder *wonen –woon**d**e – gewoon**d***.

Unregelmäßige Verben hingegen ändern ihren Stammvokal. Die meisten unregelmäßigen Verben lassen sich nach den unterschiedlichen Stammvokalen einer der folgenden sieben Gruppen zuordnen:

Gruppe	Grundform	Imperfekt (Einzahl / Mehrzahl)	Partizip Perfekt
1. a – ie – a	*sl**a**pen* (schlafen)	*sl**ie**p / sliepen*	*gesl**a**pen*
	*l**a**ten* (lassen)	*l**ie**t / lieten*	*gel**a**ten*
2. a – oe – a	*dr**a**gen* (tragen)	*dr**oe**g / droegen*	*gedr**a**gen*
3. ij – ee – e	*k**ij**ken* (gucken)	*k**ee**k / keken*	*gek**e**ken*
	*r**ij**den* (fahren)	*r**ee**d / reden*	*ger**e**den*
4. e/i – o – o	*tr**e**kken* (ziehen)	*tr**o**k / trokken*	*getr**o**kken*
	*dr**i**nken* (trinken)	*dr**o**nk / dronken*	*gedr**o**nken*
	*v**i**nden* (finden)	*v**o**nd / vonden*	*gev**o**nden*

5. e/i – a – e	*g**e**ven* (geben)	*g**a**f / gaven*	*geg**e**ven*
	***e**ten* (essen)	***a**t / aten*	*geg**e**ten*
	*z**i**tten* (sitzen)	*z**a**t / zaten*	*gez**e**ten*
6. e – a – o	*n**e**men* (nehmen)	*n**a**m / namen*	*gen**o**men*
	*spr**e**ken* (sprechen)	*spr**a**k / spraken*	*gespr**o**ken*
7. ie/ui/e – oo – o	*vl**ie**gen* (fliegen)	*vl**oo**g / vlogen*	*gevl**o**gen*
	*r**ui**ken* (riechen)	*r**oo**k / roken*	*ger**o**ken*
	*bew**e**gen* (bewegen)	*bew**oo**g / bewogen*	*bew**o**gen*

Schließlich gibt es auch einige Verben mit gemischten Vergangenheitsformen, d. h. Verben, die ein regelmäßiges Imperfekt, aber ein unregelmäßiges Partizip Perfekt haben und umgekehrt Verben, die ein unregelmäßiges Imperfekt, aber ein regelmäßiges Partizip Perfekt haben.

Gruppe	**Grundform**	**Imperfekt (Singular / Plural)**	**Partizip Perfekt**
unregelm. Part. Perfekt	*lachen* (lachen)	*lachte / lachten*	*gelachen*
	wassen (waschen)	*waste / wasten*	*gewassen*
	heten (heißen)	*heette / heetten*	*geheten*
unregelm. Imperfekt	*vragen* (fragen)	*vroeg / vroegen*	*gevraagd*
	jagen (jagen)	*joeg / joegen*	*gejaagd*

Schreibung

Einzel- und Doppelschreibung

Die Vokale ***a***, ***e***, ***o*** und ***u*** kommen sowohl einfach als auch doppelt geschrieben vor. Ob ein Vokal einzeln oder doppelt geschrieben wird, hängt davon ab, ob er sich in einer offenen oder geschlossenen Silbe befindet.

Eine offene Silbe ist eine Silbe, die auf einen Vokal endet: *m**a**-ken* (machen). Eine geschlossene Silbe endet auf einen Konsonanten: *hij maak***t** (er macht), ze**g**-gen (sagen).

Kurze Vokale kommen nur in geschlossenen Silben vor und werden stets einfach geschrieben: *d**a**g* (Tag), *ik z**e**g* (ich sage), *k**u**n-nen* (können). Lange Vokale kommen sowohl in offenen als auch in geschlossenen Silben vor. In geschlossenen Silben werden sie doppelt, in offenen Silben einfach geschrieben: *ik m**aa**k* (ich mache), *m**a**-ken* (machen). Auch wenn das Wort auf einen langen Vokal endet, wird dieser einzeln geschrieben: *ik g**a*** (ich gehe), *n**u*** (jetzt). Ausnahme: Ein langes *e* wird im Auslaut stets als *ee* geschrieben: *z**ee*** (Meer), *tw**ee*** (zwei), *th**ee*** (Tee).

Am Ende eines Wortes stehen nie zwei gleiche Konsonanten: *ik zeg~~g~~* (ich sage), *dun~~n~~* (dünn).

Die v-f- und z-s-Regel

Am Wortende (und auch vor Konsonanten) werden die stimmhaften Konsonanten *v* und *z* zum stimmlosen *f* und *s*: *ge**v**en – ik gee**f**, jij gee**f**t* (geben – ich gebe, du gibst), *le**z**en – ik lee**s**, jij lee**s**t* (lesen – ich lese, du liest).

Hinweise zur **Aussprache** befinden sich auf den Seiten 107–108.

Familie und soziales Leben

Familieleden

Familienmitglieder

moeder (de)	Mutter
vader (de)	Vater
ouders (de)	Eltern
zoon (de)	Sohn
dochter (de)	Tochter
kind (het) - Pl: kinderen	Kind
jongen (de)	Junge
meisje (het)	Mädchen
broer (de)	Bruder
mijn jongere broer	mein jüngerer Bruder
zus (de)	Schwester
mijn oudere zus	meine ältere Schwester

broers en zussen	Geschwister
opa (de) / grootvader (de)	Großvater
oma (de) / grootmoeder (de)	Großmutter
grootouders	Großeltern
kleinzoon (de)	Enkel
kleindochter (de)	Enkelin

oom (de)	Onkel
tante (de)	Tante
neef (de)	Cousin
nicht (de)	Cousine
neef (de)	Neffe
nicht (de)	Nichte

Verwandtschaften

Im Niederländischen wird nicht zwischen Cousin und Neffe bzw. Cousine und Nichte unterschieden. Es gibt für das jeweilige Geschlecht nur eine Entsprechung: *neef* bzw. *nicht*. Auch das Wort „Geschwister" hat keine richtige Entsprechung im Niederländischen. Es wird mit *broers en zussen* übersetzt.

echtgenoot (de)	Ehemann
echtgenote (de)	Ehefrau
echtpaar (het)	Ehepaar
schoonzoon (de)	Schwiegersohn
schoondochter (de)	Schwiegertochter
schoonvader (de)	Schwiegervater
schoonmoeder (de)	Schwiegermutter
zwager (de) / schoonbroer (de)	Schwager
schoonzus (de)	Schwägerin
vriend (de)	Freund
vriendin (de)	Freundin

Betonung

Anders als im Deutschen wird bei *vriendin* die zweite und nicht die erste Silbe betont. Wenn Sie es anders herum machen, werden Sie sofort als Deutschsprachige(r) erkannt.

bruidegom (de)	Bräutigam
bruid (de)	Braut

Kennismaking

Bekanntschaften

Hallo, hoe gaat het met jou/je? Hallo, wie geht es dir?

Hoe gaat het met u? / Hoe maakt u het? Wie geht es Ihnen?

Begrüßungsformen

Neben der Begrüßungsform *hallo* gibt es *hoi* und je nach Tageszeit *goedemorgen, goedemiddag* und *goedenavond*. Die Begrüßung *goedemiddag* wird zwischen 12 und 18 Uhr verwendet und hat im Deutschen keine richtige Entsprechung. Man kann auch den ganzen Tag über *goedendag* sagen. In der gesprochenen Sprache oder in der informellen Schriftsprache findet man alternativ die Schreibweisen *goeiemorgen, goeiemiddag, goeienavond* und *goeiedag*. Das einfache *dag* wird auch benutzt, meistens in Verbindung mit einem Namen oder *meneer/mijnheer* (Herr) bzw. *mevrouw* (Frau). Z.B. *Dag Jan* oder *Dag mevrouw Bakker*.

Prettig met u kennis te maken. Freut mich, Sie kennenzulernen.

Leuk je te leren kennen. Schön, dich kennenzulernen.

Hoe heet jij/je? Wie heißt du?

Fürwort

Für das Fürwort der 2. Person Einzahl gibt es immer eine betonte und eine unbetonte Form. Als Subjekt ist es *jij* oder *je*, als Objekt *jou* oder *je*. In diesem Buch werden beide Formen nebeneinander verwendet.

Hoe heet u?	Wie heißen Sie?

Höflichkeitsform

Das Verb zu der Höflichkeitsform *u* wird wie die 2. Person Einzahl konjugiert, auch wenn man mehrere Menschen auf einmal siezt.

Ik heet ...	Ich heiße ...
Waar woon jij?	Wo wohnst du?

Inversion

Bei einer Inversion (d.h. das Verb steht vor dem Subjekt) verliert das Verb in der 2. Person Einzahl die Endung *-t*: *woon jij* vs. *jij woont*. Es sei denn, das Verb hat bereits ein *-t* im Stamm, wie in *heet jij* vs. *jij heet*. Bei der Höflichkeitsform gilt diese Regel nicht: *woont u* vs. *u woont*.

Waar woont u?	Wo wohnen Sie?
Ik woon in ...	Ich wohne in ...
Waar kom jij vandaan?	Woher kommst du?
Waar komt u vandaan?	Woher kommen Sie?
Ik kom uit ...	Ich bin aus ...
Hoe oud ben jij?	Wie alt bist du?
Hoe oud bent u?	Wie alt sind Sie?
Ik ben 26 jaar oud.	Ich bin 26 Jahre alt.
Wat ben je van beroep?	Was machst du beruflich?
Wat bent u van beroep?	Was machen Sie beruflich?
Ik ben secretaresse.	Ich bin Sekretärin.
En waar werk je?	Und wo arbeitest du?
En waar werkt u?	Und wo arbeiten Sie?
Ik werk op kantoor.	Ich arbeite in einem Büro.
Wanneer ben je geboren?	Wann wurdest du geboren?
Wanneer bent u geboren?	Wann wurden Sie geboren?
Ik ben op 5 juli 1983 geboren.	Ich wurde am 5. Juli 1983 geboren.
Ik ben single.	Ich bin ledig.

(on)getrouwd / (on)gehuwd	(un)verheiratet
gescheiden	geschieden
weduwe (de) – weduwnaar (de)	Witwe – Witwer
Hoe zijn uw nieuwe buren?	Wie sind Ihre neuen Nachbarn?
Ze zijn vriendelijk.	Sie sind freundlich.
onvriendelijk	unfreundlich
Hebt / Heeft u kinderen?	Haben Sie Kinder?

Das Verb *hebben*

Für die *u*-Form gibt es beim Verb *hebben* zwei unterschiedliche Möglichkeiten. *U hebt* und *u heeft* werden nebeneinander gebraucht.

Ja, ze zijn heel braaf.	Ja, sie sind sehr brav.
stout	unartig

Sinterklaas

Anfang Dezember, in der berühmten *Sinterklaastijd*, wird zwischen *brave* und *stoute kinderen* unterschieden. Der heilige Kinderfreund kann genau in seinem dicken Buch nachlesen, wer im vergangenen Jahr *braaf* und wer *stout* gewesen ist. Die *brave kinderen* bekommen *snoep* (Süßigkeiten) und *speelgoed* (Spielzeug), die *stoute* allerdings kommen in den Sack von *Zwarte Piet*.

Beschrijving van personen

Beschreibung von Personen

mooi / knap	hübsch
lelijk	hässlich
slank	schlank
dik	dick
groot	groß
klein	klein
druk	lebhaft
rustig	ruhig
interessant	interessant

vervelend / saai	langweilig
oud	alt
jong	jung
Zij heeft blauwe ogen.	Sie hat blaue Augen.
Hij heeft een baard.	Er trägt einen Bart.
snor (de)	Schnurrbart
Ik draag een bril.	Ich trage eine Brille.
Zij is blond.	Sie ist blond.
Hij heeft zwart haar.	Er hat schwarze Haare.
lang haar	lange Haare
kort haar	kurze Haare
krullend haar	krause Haare
glad haar	glatte Haare

Afspreken en flirten

Verabredungen und Flirten

afspraakje (het) / date (de)	Date
Heb je vanavond tijd?	Hast du heute Abend Zeit?
We zouden vanavond naar de bioscoop kunnen gaan.	Wir könnten heute Abend ins Kino gehen.
Heb je zin om te gaan dansen?	Hast du Lust, tanzen zu gehen?
Mag ik je voor een etentje uitnodigen?	Darf ich dich zum Abendessen einladen?
Zullen we een kopje koffie drinken?	Darf ich Sie zu einem Kaffee einladen?
Wat dacht je van een glaasje wijn?	Wie wär's mit einem Gläschen Wein?
Zullen we een wandeling maken?	Wollen wir einen Spaziergang machen?
Super idee!	Super Idee!
Prima!	Einverstanden!
Hoe laat spreken we af?	Um wie viel Uhr treffen wir uns?
Waar spreken we af?	Wo treffen wir uns?

Om halfacht voor de bioscoop?	Um halb acht vor dem Kino?
Nee, iets later.	Nein, etwas später.
Vanavond heb ik jammer genoeg geen tijd.	Heute Abend habe ich leider keine Zeit.
Het spijt me, ik ga liever naar het theater.	Tut mir leid, ich gehe lieber ins Theater.
Ik dans niet graag.	Ich tanze nicht gern.
Wat dacht je van morgen?	Wie wär's mit morgen?
Morgen komt goed uit.	Morgen passt mir gut.
Je hebt mooie ogen.	Du hast schöne Augen.
Dank je, dat is heel lief van je.	Danke, das ist sehr nett von dir.
Je Nederlands is uitstekend.	Dein Niederländisch ist ausgezeichnet.

Kunnen we elkaar gauw terugzien?	Können wir uns bald wiedersehen?
Wanneer spreken we weer af?	Wann treffen wir uns wieder?
Ik breng je graag naar huis.	Ich begleite dich gern nach Hause.
Ik heb je gemist.	Ich habe dich vermisst.

Abschiedsformen

Zum Abschied sagt man *daag* (das Begrüßungs-*dag*, aber etwas länger gesprochen), *doei* (tschüss) oder am Abend *goeienacht*. Oft bezieht man sich schon auf das nächste Treffen: *tot straks* (bis nachher), *tot later* (bis später), *tot gauw* (bis bald) oder *tot ziens* (auf Wiedersehen).

Tijd
Uhrzeit

Hoe laat ...?	Um wie viel Uhr ...?
Om één uur.	Um ein Uhr.

Een* vs. *één

Die Zahl *één* bekommt zwei Akzente, wenn man sie klar vom unbestimmten Artikel *een* unterscheiden möchte.

Om zeven uur.	Um sieben Uhr.
Om kwart over drie.	Um Viertel nach drei.
Om halfzes.	Um halb sechs.
Om kwart voor negen.	Um Viertel vor neun.
een halfuur vroeger	eine halbe Stunde früher
een halfuur later	eine halbe Stunde später
een kwartier vroeger	eine Viertelstunde früher

Weekdagen
Wochentage

(op) maandag	(am) Montag
dinsdag	Dienstag
woensdag	Mittwoch
donderdag	Donnerstag
vrijdag	Freitag
zaterdag	Samstag
zondag	Sonntag

***'s* vor Wochentagen**

Wenn man kenntlich machen will, dass etwas jede Woche an einem bestimmten Tag stattfindet, setzt man *'s* vor dem Tag ein und hängt noch ein *-s* hinten dran, z.B. *'s maandags*. Bei den Wochentagen die mit *d-* anfangen, wird das *'s* weggelassen, um die Aussprache zu erleichtern, z.B. *dinsdags*.

Maanden
Monate

in januari	im Januar
februari	Februar
maart	März
april	April
mei	Mai
juni	Juni
juli	Juli
augustus	August
september	September
oktober	Oktober
november	November
december	Dezember

Seizoenen
Jahreszeiten

(in de) lente	(im) Frühling
zomer	Sommer
herfst	Herbst
winter	Winter

1 **Setzen Sie in die unten stehenden Sätze die richtige Familienbezeichnung ein.**

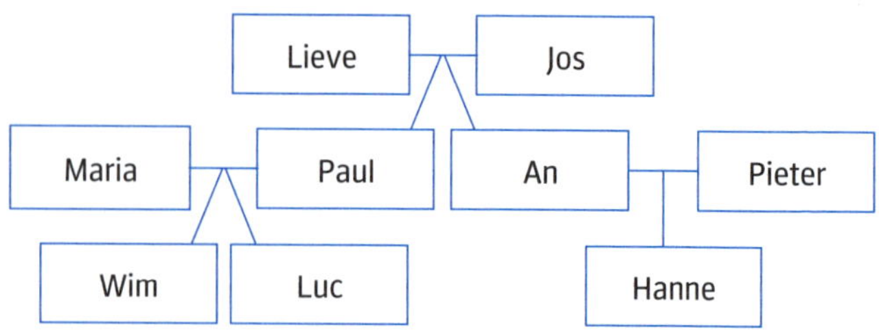

a. Jos is de *vader* van An. Zij is zijn *dochter*.

b. Wim is de __________ van Hanne. Zij is zijn __________.

c. Luc is de __________ van Jos. Jos is zijn __________.

d. An is de __________ van Wim. Hij is haar __________.

e. Paul is de __________ van An. Zij is zijn __________.

f. Hanne is de __________ van Lieve. Zij is haar __________.

g. Pieter is de __________ van Maria. Zij is zijn __________.

h. Paul is de __________ van Lieve. Zij is zijn __________.

2 **Was gehört zusammen?**

a. zus →	herfst
b. slank	halfuur
c. kort	broer
d. goeiemorgen	dik
e. kwartier	lang
f. lente	goeienavond

3 **Lösen Sie das Kreuzworträtsel.**

a. Spaziergang
b. Bräutigam
c. hässlich
d. Büro (Arbeitsstätte)
e. Sekretärin
f. freundlich
g. Monat zwischen Februar und April
h. jung

a.
b.
c.
d.
e.
f.
g.
h.

Lösungswort: ____________________

Wohnen

Algemene uitdrukkingen rond wonen

Allgemeine Wendungen rund ums Wohnen

Ik woon in een flat ...	Ich lebe in einer Wohnung, ...
... en wij in een huis.	... und wir in einem Haus.

Leben & *leven*

Die wörtliche Übersetzung vom deutschen Verb „leben" lautet *leven*. Dieses Wort bedeutet allerdings im Niederländischen nicht das Gleiche. Man kann nicht in einem Haus *leven*, man kann nur z.B. *lang leven*. In Bezug auf Häuser oder Orte muss man *wonen* verwenden, also auch *Ik woon in Amsterdam* und nicht *Ik leef in Amsterdam*.

rijtjeshuis (het)	Reihenhaus
twee-onder-een-kapwoning (de)	Doppelhaushälfte
huurwoning (de)	Mietwohnung

Das Verb *huren*

Wenn Deutschsprachige in den Niederlanden ein Schild mit den Worten *te huur* vor einem Fenster sehen, glauben sie, sich mitten in einem Rotlichtviertel zu befinden. *Huren* hat allerdings nichts mit der ältesten Profession der Welt zu tun, sondern bedeutet schlicht und einfach „mieten". *Te huur* heißt also, dass eine Wohnung zu vermieten ist.

koopwoning (de)	Eigentumswohnung
verdieping (de)	Stockwerk
op de derde verdieping	im 3. Stock
begane grond (de)	Erdgeschoss
wolkenkrabber (de)	Wolkenkratzer
een huis met lift	ein Haus mit Lift

De Lift

De Lift ist ein bekannter niederländischer Horrorfilm aus dem Jahr 1983. Es ist der erste niederländische Film, der weltweit ausgestrahlt wurde.

trap (de)	Treppe
in de stad	in der Stadt
dorp (het)	Dorf
stadswijk (de)	Stadtviertel
in het centrum	im Zentrum
aan de stadsrand	am Stadtrand
op het platteland	auf dem Land

Woonruimtes en huiselijke activiteiten
Wohnräume und häusliche Tätigkeiten

woonkamer (de)	Wohnzimmer
wonen	wohnen
eetkamer (de)	Esszimmer
eten (at, gegeten)	essen
slaapkamer (de)	Schlafzimmer
slapen (sliep, geslapen)	schlafen
kinderkamer (de)	Kinderzimmer
spelen	spielen
keuken (de)	Küche
koken	kochen
badkamer (de)	Badezimmer
douchen	duschen
kapstok (de)	Garderobenständer
een mantel aantrekken (trok aan, aangetrokken)	einen Mantel anziehen
een jas uittrekken (trok uit, uitgetrokken)	eine Jacke ausziehen
zolder (de)	Dachboden

kelder (de)	Keller
hobbykamer (de)	Hobbyraum
werkkamer (de)	Arbeitszimmer
veranda (de) – Pl: veranda's	Wintergarten
de krant lezen (las, gelezen)	Zeitung lesen
balkon (het)	Balkon
terras (het)	Terrasse
barbecueën	grillen

tuin (de)	Garten
bloemen water geven (gaf, gegeven)	Blumen gießen
gras (het) / gazon (het)	Rasen
grasmaaien	Rasen mähen
garage (de)	Garage
de auto parkeren	Auto abstellen
zwembad (het)	Swimmingpool
zwemmen (zwom, gezwommen)	schwimmen
ramen lappen	Fenster putzen
stofzuigen	Staub saugen
wassen (waste, gewassen)	waschen
strijken (streek, gestreken)	bügeln
de vaat doen (deed, gedaan) / afwassen	Geschirr abwaschen

de kamer opruimen	Zimmer aufräumen
ontbijt maken	Frühstück machen
de lunch klaarmaken	Mittagessen kochen
taart bakken (bakte, gebakken)	Kuchen backen
de tafel dekken	Tisch decken
de tafel afruimen	Tisch abräumen
een boodschappenlijstje schrijven (schreef, geschreven)	Einkaufsliste schreiben

Meubels en inrichting

Möbel und Einrichtungsgegenstände

tafel (de)	Tisch
stoel (de)	Stuhl
bank (de)	Bank
kast (de)	Schrank, Kleiderschrank
bank (de)	Couch
kussen (het)	Kissen
fauteuil (de)	Sessel
schommelstoel (de)	Schaukelstuhl
rek (het)	Regal
bed (het)	Bett
matras (de)	Matratze
hoofdkussen (het)	Kopfkissen
laken (het)	Bettlaken
deken (het)	Bettdecke
dekbed (het)	Federbett
nachtkastje (het)	Nachttisch
bureau (het)	Schreibtisch
wastafel (de) / wasbak (de)	Waschbecken
badkuip (de)	Badewanne
douche (de)	Dusche
toilet (het)	Toilette
waterkraan (de)	Wasserhahn
gordijn (het)	Gardine / Vorhang

plant (de)	Pflanze
bloemenvaas (de)	Blumenvase
schilderij (het)	Bild
lamp (de)	Lampe
staande lamp (de)	Stehlampe
plafond (het)	Zimmerdecke
muur (de)	Wand
deur (de)	Tür
raam (het)	Fenster
behang (het)	Tapete
vloer (de)	Fußboden
tapijt (het)	Teppich

Falsche Freunde

Achtung: *tapijt* ist nicht die Tapete, sondern der Teppich. *Vloer* ist nicht der Flur, sondern der Fußboden. Und *raam* ist nicht der Rahmen, sondern das Fenster.

tegel (de)	Fliese
spiegel (de)	Spiegel

Huishoudapparaten

Haushaltsgeräte

wasmachine (de)	Waschmaschine
wasdroger (de)	Wäschetrockner
strijkijzer (het)	Bügeleisen
vaatwasser (de)	Geschirrspüler
koelkast (de)	Kühlschrank
diepvriesvakje (het)	Gefrierfach
vriezer (de)	Gefrierschrank
mixer (de)	Mixer
blikopener (de)	Dosenöffner
broodsnijmachine (de)	Brotschneidemaschine

toaster (de)	Toaster
fornuis (het)	Herd
magnetron (de)	Mikrowellenherd
oven (de)	Backofen
boormachine (de)	Bohrmaschine
schroevendraaier (de)	Schraubenzieher
grasmaaier (de)	Rasenmäher

1. **Streichen Sie durch, was nicht passt.**

a. wassen	grasmaaien	stofzuigen
strijken	~~wonen~~	
b. deken	bank	rek
tafel	kast	
c. magnetron	blikopener	schroevendraaier
vaatwasser	mixer	
d. badkuip	wastafel	waterkraan
douche	schilderij	

2. **Wo steht was? Ordnen Sie zu.**

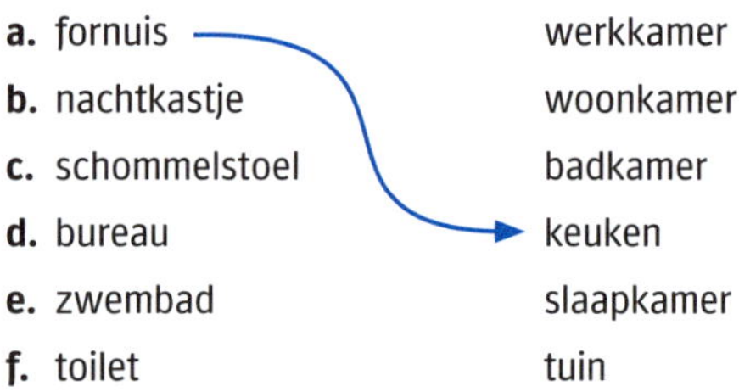

a. fornuis	werkkamer
b. nachtkastje	woonkamer
c. schommelstoel	badkamer
d. bureau	keuken
e. zwembad	slaapkamer
f. toilet	tuin

3. **Finden Sie alle 15 Wörter (waagerecht oder senkrecht)? Schreiben Sie sie auf.**

a	p	o	r	l	u	n	c	h	g	p	t	f	n
s	k	o	e	l	k	a	s	t	o	r	u	g	a
h	a	t	u	k	o	p	o	f	g	a	i	e	t
o	m	p	e	r	i	t	n	g	k	a	n	n	s
o	e	g	j	a	o	f	t	z	k	c	k	i	n
f	a	r	b	n	i	f	b	o	e	k	m	o	z
d	f	a	u	t	e	u	i	l	u	z	e	n	o
k	o	s	g	h	o	e	j	l	k	a	n	i	l
u	k	m	o	p	l	a	t	t	e	l	a	n	d
s	t	a	d	s	w	i	j	k	n	e	f	o	e
s	g	a	m	o	r	i	f	e	s	t	s	a	r
e	r	i	j	t	j	e	s	h	u	i	s	f	a
n	o	e	a	a	n	t	r	e	k	k	e	n	t
g	o	r	d	i	j	n	t	l	a	p	s	o	n

waagerecht

____
____
____
____
____
____
____
____

senkrecht

____
____
____
____
____
____
____

Kleidung

Kledingstukken
Kleidungsstücke

jurk (de)	Kleid
rok (de)	Rock
bloes (de)	Bluse
trui (de)	Pullover
overhemd (het)	Oberhemd
das (de)	Krawatte
T-shirt (het)	T-Shirt
broek (de)	Hose
jeans (de)	Jeans
riem (de)	Gürtel
pak (het)	Anzug
mantelpak (het)	Kostüm
jas (de)	Jacke
vest (het)	Weste
colbert (het)	Sakko
sokken (de sok)	Socken
kniekousen (de kniekous)	Kniestrümpfe
panty (de) – Pl: panty's	Strumpfhose
mantel (de)	Mantel
handschoen (de)	Handschuh
sjaal (de)	Schal
muts (de)	Mütze
hoed (de)	Hut
pyjama (de) – Pl: pyjama's	Schlafanzug
zwembroek (de)	Badehose
badpak (het)	Badeanzug
schoenen (de schoen)	Schuhe
laarzen (de laars)	Stiefel
sandalen (de sandaal)	Sandalen
gymschoenen	Turnschuhe

Uitdrukkingen
Redewendungen

Kan ik u helpen?	Kann ich Ihnen helfen?
Nee bedankt, ik kijk alleen maar.	Nein danke, ich gucke nur.
Deze bloes vind ik heel leuk.	Diese Bluse gefällt mir sehr gut.
Ik neem hem.	Ich nehme sie.
Kan ik hem even passen?	Kann ich sie anprobieren?
Waar zijn de paskamers?	Wo sind die Umkleidekabinen?
De jurk is me te krap.	Das Kleid ist mir zu eng.
Deze rok is me te lang.	Dieser Rock ist mir zu lang.
Deze broek is me te kort.	Diese Hose ist mir zu kurz.
Het T-shirt is me te wijd.	Das T-Shirt ist mir zu weit.
Heeft u een maatje kleiner?	Haben Sie eine Größe kleiner?

Deze hoed staat haar heel goed.	Dieser Hut steht ihr sehr gut.

Op kantoor draagt hij altijd een pak.	Im Büro trägt er immer einen Anzug.
Ik had graag winterschoenen.	Ich hätte gerne Winterschuhe.
Deze schoenen zijn me te klein.	Diese Schuhe sind mir zu klein.
Heeft u een maatje groter?	Haben Sie eine Nummer größer?

Kleur, motief en materiaal
Farbe, Muster und Material

een witte bloes	eine weiße Bluse
een blauwe trui	ein blauer Pullover

Eigenschaftswort

Im Niederländischen kann das Eigenschaftswort nur zwei Endungen haben: *-e* oder keine. Die Regel ist einfach: Das Eigenschaftswort bekommt immer ein *-e*, außer bei einem sächlichen Hauptwort (= *het-woord*) in der Einzahl, vor dem der unbestimmte Artikel *een* steht. In diesem Fall bekommt das Eigenschaftswort keine Endung. Z.B. *een klein T-shirt*. Achtung: Wenn die Eindung *-e* angehängt wird, verlieren Eigenschaftswörter mit zwei Vokalen in der Mitte einen Vokal: *groot* → *een gr**o**te broek*, *geel* → *de g**e**le bloes*.

een lichtblauwe trui	ein hellblauer Pullover
een donkerblauwe rok	ein dunkelblauer Rock
een gele bikini (de bikini)	ein gelber Bikini
een zwarte jeans	schwarze Jeans
bruine schoenen	braune Schuhe
een groen T-shirt	ein grünes T-Shirt
grijze sokken	graue Socken
een rode jurk	ein rotes Kleid
een paarse jurk met witte stippen	ein purpurfarbenes Kleid mit weißen Punkten
een oranje met blauw gestreepte das	eine orange-blau gestreifte Krawatte
een geruite jas	eine karierte Jacke

een bloes met een bloemetjesmotief	eine Bluse mit einem Blumenmuster
een zijden doekje	ein Seidentuch

Stoffadjektive

Es gibt Eigenschaftswörter, die etwas aussagen über das Material oder den Stoff, aus dem etwas hergestellt ist. Im Deutschen sind diese Eigenschaften meist Teil des Hauptwortes, z.B. eine Lederhose, ein Baumwollhemd. Im Niederländischen wird das Stoffadjektiv vom Hauptwort getrennt, z.B. *een leren broek, een katoenen hemd*. Die Endung des Eigenschaftsworts ist immer *-en* (unveränderlich).

een katoenen T-shirt / een T-shirt van katoen	ein T-Shirt aus Baumwolle
wollen sokken	Wollsocken

Ziegenwollsockentypen

Ökofreaks werden auf Niederländisch etwas pejorativ *geitenwollensokkentypes* (Ziegenwollsockentypen) genannt. Dies kommt vom schmuddligen, alternativen Image, das ihnen aus der Hippie-Zeit anhaftet. Kurz: ungewaschene Wollsocken, Gesundheitssandalen und ein Dreitagebart.

leren schoenen	Lederschuhe

Sieraden

Schmuck

sieraad (het)	Schmuck
parelketting (de)	Perlenkette
armband (de)	Armband
diamanten ring (de)	Diamantring
oorbellen van goud	Ohrringe aus Gold
polshorloge (het)	Armbanduhr

1. Welche Farbe ist gemeint?

a. An einem schönen Tag ist der Himmel ...

b. Erbsen sind ...

c. Wenn man anhalten muss, ist die Ampel ...

d. Auf einer Beerdigung trägt man ...

e. Die Nationalfarbe der Niederlande ist ...

f. Eine Zitrone ist ...

a. ____________________ **d.** ____________________

b. ____________________ **e.** ____________________

c. ____________________ **f.** ____________________

2. Setzen Sie das Eigenschaftswort in die richtige Form. Achtung bei den Stoffadjektiven!

a. Anna heeft een ____________________ (leuk) bloes.

b. Ik draag ____________________ (bruin) schoenen.

c. Zie jij de ____________________ (geel) jas?

d. Paul koopt een ____________________ (nieuw) T-shirt.

e. Mijn moeder heeft een ____________________ (diamanten) ring.

f. Lotte geeft Bart de ____________________ (leren) riem.

3. **Ordnen Sie die folgenden Kleidungsstücke dem richtigen Geschlecht zu.**

das	rok	broek	mantelpak
trui	overhemd	jurk	jeans
pak	bloes	panty	zwembroek
T-shirt	jas	badpak	colbert
mantel			

man ______________________________

____

____

vrouw ______________________________

____

____

neutraal ______________________________

____

____

4 Einkaufen

Uitdrukkingen
Redewendungen

boodschappen doen (deed, gedaan)	einkaufen
Heeft u ...? (had, gehad)	Haben Sie ...?
Is er ... ? (Sg.) / Zijn er ... ? (Pl.) (was, geweest)	Gibt es ...?
Ik had graag ... ? / Mag ik ... ?	Ich hätte gern ...
Wat kost de bloemkool?	Was kostet der Blumenkohl?
Wat kosten de sinaasappels?	Was kosten die Orangen?
duur	teuer
goedkoop	billig
Anders nog iets ?	Sonst noch etwas?
Nee, dank u. Dat is alles.	Nein, danke. Das ist alles.

Hoeveel is dat?	Wie viel macht das?
korting (de)	Rabatt
vijf procent korting	fünf Prozent Rabatt
uitverkoop (de)	Schlussverkauf
winkelwagentje (het)	Einkaufswagen
zelfbediening (de)	Selbstbedienung
openingstijden	Öffnungszeiten

Hoe laat gaat de bakkerij open?	Um wie viel Uhr öffnet die Bäckerei?
Hoe laat gaat de bank dicht?	Um wie viel Uhr schließt die Bank?
De supermarkt is van 8 uur 's morgens tot 8 uur 's avonds open.	Der Supermarkt ist von 8 Uhr morgens bis 8 Uhr abends geöffnet.
kassa (de) – Pl: kassa's	Kasse

Aufgerundet

Wundern Sie sich nicht, wenn Ihre Rechnung in einem niederländischen Supermarkt 19,98 EUR beträgt und die Kassiererin 20 EUR verlangt. Statt 19,97 EUR bezahlt man 19,95 EUR. Ladenbesitzer in den Niederlanden dürfen offiziell den Gesamtbetrag auf ein Vielfaches von 5 runden. Ein- und Zwei-Cent-Münzen sind nicht mehr im Umlauf. Dies hat für den Ladeninhaber den Vorteil, dass er keine Kleinstmünzen bei der Bank besorgen muss und das Bezahlen an der Kasse schneller geht. Und der Kunde kann sich freuen, dass sein Geldbeutel vor lauter Kleingeld nicht mehr ausbeult. Wenn Sie aber elektronisch zahlen, gilt diese Rundungsregel natürlich nicht.

Getallen, hoeveelheden en verpakking

Zahlen, Mengen und Verpackung

nul	0
één – twee – drie – vier – vijf –	1 – 2 – 3 – 4 – 5 –
zes – zeven – acht – negen – tien –	6 – 7 – 8 – 9 – 10 –
elf – twaalf – dertien – veertien – vijftien –	11 – 12 – 13 – 14 – 15 –
zestien – zeventien – achttien – negentien – twintig –	16 – 17 – 18 – 19 – 20 –
eenentwintig – tweeëntwintig – drieëntwintig – vierentwintig – vijfentwintig	21 – 22 – 23 – 24 – 25

Trema bei zwei Vokalen

Die Zahlen ab 21 werden mit dem Bindungs-*en* gebildet. Wenn es auf einen Vokal folgt, wird das Bindungs-*en* als *-ën* geschrieben. Ein solches Trema gibt es auch in manchen Ländernamen, z.B. *België*, *Italië* und in einigen Pluralformen (z.B. *knieën*, *zeeën*).

eenendertig – tweeëndertig – drieëndertig ...	31 – 32 – 33 ...
veertig – vijftig – zestig – zeventig – tachtig – negentig –	40 – 50 – 60 – 70 – 80 – 90 –
honderd – honderdnegenennegentig –	100 – 199 –
tweehonderd – driehonderd – vierhonderd – vijfhonderd –	200 – 300 – 400 – 500 –
zeshonderd – zevenhonderd – achthonderd – negenhonderd –	600 – 700 – 800 – 900 –
duizend – tweeduizend	1.000 – 2.000
een miljoen – twee miljoen	1.000.000 – 2.000.000
een miljard	1.000.000.000
eerste – tweede – derde – vierde – vijfde –	1. – 2. – 3. – 4. – 5. –
zesde – zevende – achtste – negende – tiende	6. – 7. – 8. – 9. – 10.

een fles mineraalwater	eine Flasche Mineralwasser
een liter melk	ein Liter Milch
100 gram/een ons salami	100 Gramm Salami
twee kilo appels	zwei Kilo Äpfel
een doos/pak koekjes	eine Schachtel/Packung Kekse
een blik sardientjes (het blik)	eine Dose Sardinen
een krat bier (de krat)	ein Kasten Bier
met statiegeld	mit Pfand

Winkels en waren

Geschäfte und Waren

Op de markt	Auf dem Markt
sinaasappel (de)	Orange
appel (de)	Apfel
peer (de)	Birne
kers (de)	Kirsche
aardbei (de)	Erdbeere
perzik (de) – Pl: perziken	Pfirsich
druif (de)	Weintraube
ananas (de)	Ananas
citroen (de)	Zitrone
pruim (de)	Pflaume
aardappel (de)	Kartoffel
tomaat (de)	Tomate
komkommer (de)	Gurke
paprika (de) – Pl: paprika's	Paprika
een krop sla	Kopfsalat
wortel (de)	Karotte
ui (de)	Zwiebel
knoflook (de)	Knoblauch

Bij de bakker	In der Bäckerei
bakkerij (de)	Bäckerei
brood (het)	Brot
broodje (het)	Brötchen
gebak (het)	Kuchen
taart (de)	Torte
boterham (de)	Scheibe Brot

Brotkultur

Das Brot in den Niederlanden und Belgien ist ganz anders als das Brot, das die Deutschen essen. Aufgrund des hohen Hefeanteils ist es sehr luftig und weich. Dadurch hält es sich auch nur einen bis maximal zwei Tage. Sauerteig wird nicht verwendet und schmeckt den Landsleuten, die nach Deutschland verreisen, meistens auch nicht.

Bij de slager	**In der Metzgerei**
slagerij (de)	Metzgerei
vlees (het)	Fleisch
varkensvlees (het)	Schweinefleisch
rundsvlees (het)	Rindfleisch
kalfsvlees (het)	Kalbfleisch
paardenvlees (het)	Pferdefleisch
lam (het)	Lamm
kip (de)	Hühnchen
soepkip (de)	(Suppen)Huhn
gehakt (het)	Hackfleisch
spek (het)	Speck
ham (de)	Schinken
worst (de)	Wurst
worstjes	Würstchen

In de viswinkel	**Im Fischladen**
zalm (de)	Lachs
forel (de)	Forelle
haring (de)	Hering
snoekbaars (de)	Zander
garnaal (de)	Garnele
mossel (de)	Muschel

Mosselen met friet

Eines der Leibgerichte der Belgier ist *mosselen met friet*. Im Restaurant bekommt man die Miesmuscheln in einem schwarzen Kochtopf serviert, dessen umgekehrter Deckel als Schüssel für die Schalen dient. Dazu gibt es meistens frische Pommes frites oder auch Brot.

karper (de)	Karpfen
tonijn (de)	Thunfisch
zeevruchten	Meeresfrüchte

In de bloemenwinkel — Im Blumenladen

bloem (de)	Blume
een bos rozen	ein Strauß Rosen
tulp (de)	Tulpe
plant (de)	Pflanze
mest (het)	Dünger

In de wijnhandel — In der Weinhandlung

rode wijn (de)	Rotwein
witte wijn (de)	Weißwein
rosé (de)	Rosé

In de drankwinkel — Im Getränkemarkt

bier (het)	Bier
alcoholische dranken	alkoholische Getränke
alcoholvrij	alkoholfrei
frisdrank (de)	Erfrischungsgetränk
limonade (de)	Limonade

sinaasappelsap (het)	Orangensaft
mineraalwater (het)	Mineralwasser
met prik / spa rood	mit Kohlensäure
zonder prik / spa blauw	ohne Kohlensäure
sherry (de)	Sherry
mousserende wijn (de) / bubbelwijn (de)	Sekt

In de apotheek — In der Apotheke

medicijn (het)	Medizin
tablet (de / het)	Tablette
pil (de)	Pille
hoestsiroop (de)	Hustensaft
pleister (de)	Pflaster
verband (het)	Verband
zalf (de)	Salbe
kruidenthee (de)	Kräutertee
alleen op recept verkrijgbaar	rezeptpflichtig

In de supermarkt — Im Supermarkt

yoghurt (de)	Joghurt
melk (de)	Milch
room (de)	Sahne
eieren (het ei)	Eier
boter (de)	Butter
kaas (de)	Käse
jam (de)	Marmelade
honing (de)	Honig
muesli (de)	Müsli
bloem (de)	Mehl

suiker (de)	Zucker
papieren zakdoekjes	Taschentuch
toiletpapier (het)	Toilettenpapier
poetsmiddel (het)	Reinigungsmittel
luier (de)	Windel
tandpasta (de)	Zahnpasta
tandenborstel (de)	Zahnbürste
zeep (de)	Seife
douchegel (de)	Duschgel
aansteker (de)	Feuerzeug

4 Test

1. Wo kann man die folgenden Sachen kaufen?

a. taart →	slagerij
b. hoestsiroop	viswinkel
c. ontbijtgranen	bakkerij
d. gehakt	supermarkt
e. zalm	drankwinkel
f. bubbelwijn	apotheek

2. Streichen Sie durch, was nicht passt.

a. lam	gebak	kip	worst	ham
b. zalf	pleister	zalm	siroop	tablet
c. peer	perzik	pruim	druif	suiker
d. wortel	kaas	melk	room	boter

3. Schreiben Sie die Lösung in Buchstaben.

a. 5 + 4 = ______________________

b. 30 + 3 = ______________________

c. 4 x 150 = ______________________

d. 90 – 3 = ______________________

e. 10 x 500 = ______________________

f. 135 + 7 = ______________________

g. 27 – 2 = ______________________

h. 500.000 + 500.000 = ______________________

i. 21 x 2 = ______________________

Schule und Beruf

School

Schule

school (de)	Schule
gymnasium (het) / middelbare school (de)	Gymnasium
leerling – leerlinge (de)	Schüler – Schülerin
leraar – lerares (de)	Lehrer – Lehrerin
onderwijzen (onderwees, onderwezen)	unterrichten
leren	lernen

Falscher Freund

Das niederländische *leren* ist nicht gleich dem deutschen „lehren“, obwohl beide Wörter gleich ausgesprochen werden. Wer im Niederländischen *leert*, ist kein Lehrer, sondern derjenige, der etwas lernt.

universiteit (de)	Universität
hogeschool (de)	Hochschule
student – studente (de)	Student – Studentin
huiswerk maken	Hausaufgaben machen
een examen afleggen	eine Prüfung ablegen
voor een examen slagen	eine Prüfung bestehen
voor een examen zakken	in einer Prüfung durchfallen
goede cijfers halen	gute Noten bekommen

gymnasiumdiploma (het) / middelbareschooldiploma (het)	Abitur
diploma (het) / rapport (het)	Zeugnis

Beroep
Beruf

beroep (het)	Beruf
werk (het)	Arbeit
werken	arbeiten
baan (de)	Stelle
vacature (de)	Stellenangebot
sollicitatie (de)	Bewerbung
sollicitatiebrief (de)	Bewerbungsanschreiben
cv (curriculum vitae) (het)	Lebenslauf
sollicitatiegesprek (het)	Vorstellungsgespräch
voltijds / fulltime werken	Vollzeit arbeiten
deeltijds / parttime	Teilzeit
flexibele werktijd	flexible Arbeitszeit
arbeidscontract (het)	Arbeitsvertrag
salaris (het)	Gehalt
verkoper – verkoopster (de)	Verkäufer – Verkäuferin

Weibliche Berufsbezeichnungen

Es gibt einige unterschiedliche Möglicheiten zur Bildung der weiblichen Berufsbezeichnungen.

- mit **-ster**: *verkoop**ster**, verpleeg**ster**, kap**ster***
- mit **-e**: *advocat**e**, journalist**e***
- mit **-es**: *lerar**es**, zanger**es***
- mit **-in**: *boer**in***
- mit **-trice**: *ac**trice**, direc**trice***

Darüber hinaus haben viele Berufe nur eine neutrale Form: *arts, bediende, architect, ingenieur, bakker, slager …*

winkel (de)	Geschäft
warenhuis (het)	Kaufhaus
verkopen (verkocht, verkocht)	verkaufen
klanten adviseren	Kunden beraten
bediende (de) (m/w)	Angestellter – Angestellte
kantoor (het)	Büro
arts (de) (m/w)	Arzt – Ärztin
dokter (de) (m/w)	Arzt
tandarts (de) (m/w)	Zahnarzt – Zahnärztin
ziekenhuis (het)	Krankenhaus
verpleger – verpleegster (de)	Krankenpfleger – Krankenschwester
architect (de) (m/w)	Architekt – Architektin
huizen bouwen	Häuser bauen
ingenieur (de) (m/w)	Ingenieur – Ingenieurin
industrieel bedrijf (het)	Industriebetrieb
advocaat – advocate (de)	Anwalt – Anwältin
rechtbank (de)	Gericht
kelner (de)	Kellner – Kellnerin
eten en drankjes serveren	Speisen und Getränke servieren
journalist – journaliste (de)	Journalist – Journalistin
artikel schrijven (schreef, geschreven)	Artikel schreiben
huisvrouw – huisman (de)	Hausfrau – Hausmann
voor de familie zorgen	sich um die Familie kümmern
tuinier – tuinierster (de)	Gärtner – Gärtnerin
in de tuin werken	im Garten arbeiten
commercieel medewerker – medewerkster (de)	Kaufmann – Kauffrau
reisbureau (het)	Reisebüro
automonteur (de) (m/w)	Automechaniker – Automechanikerin
garage (de)	Autoreparaturwerkstatt
bakker (de)	Bäcker – Bäckerin

brood bakken (bakte, gebakken)	Brot backen
slager (de) (m/w)	Metzger – Metzgerin
kapper – kapster (de)	Friseur – Friseurin
kapsalon (het)	Friseursalon
schoenmaker (de) (m/w)	Schuster
schoenen herstellen / repareren	Schuhe reparieren
boekhouder – boekhoudster (de)	Buchhalter – Buchhalterin
acteur – actrice (de)	Schauspieler – Schauspielerin
boer – boerin	Bauer - Bäuerin

1. **Lösen Sie das Kreuzworträtsel.**

Waagerecht

1. Wenn man 5 Tage pro Woche ganztägig arbeitet, arbeitet man …
6. Am Monatsende bekommt jeder Angestellte ein …
8. Wenn ich Zahnschmerzen habe, gehe ich zum …
10. Buchhalter
11. unterrichten

Senkrecht

2. Schüler
3. Wenn etwas kaputt ist, muss man es …
4. Frau, die sich ganztägig um Haushalt und Kinder kümmert
5. Kunde
6. Mann, der kaputte Schuhe repariert
7. Dame, die mir die Haare schneidet
9. Betrieb

2 Wer arbeitet wo? Ordnen Sie zu.

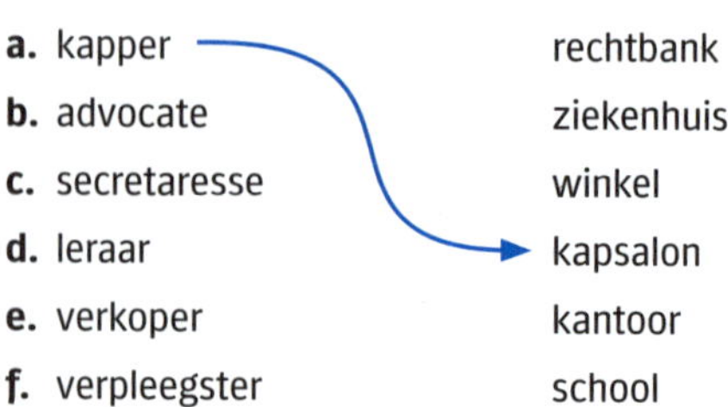

a. kapper	rechtbank
b. advocate	ziekenhuis
c. secretaresse	winkel
d. leraar	kapsalon
e. verkoper	kantoor
f. verpleegster	school

3 Setzen Sie die Berufsbezeichnung des anderen Geschlechts ein.

mannelijk	**vrouwelijk**
a. leraar	
b.	verkoopster
c. acteur	
d. journalist	
e.	bediende
f. boer	

Kommunikation

Media

Medien

krant (de)	Zeitung
tijdschrift (het)	Zeitschrift
zich op een krant abonneren	eine Zeitung abonnieren
boek (het)	Buch
roman (de)	Roman
brief (de)	Brief
aangetekend	per Einschreiben
luchtpost (de)	Luftpost
briefkaart (de)	Postkarte
pakket (het) / pakketje (het)	Paket/Päckchen
radio (de) – Pl: radio's	Radio
televisie (de)	Fernsehen
nieuws (het)	Nachrichten
telefoon (de)	Telefon
telefoontje (het)	Anruf
telefoneren	telefonieren
telefoonnummer kiezen (koos, gekozen)	Telefonnummer wählen
vast tarief (het)	Pauschaltarif
antwoordapparaat (het)	Anrufbeantworter
mobieltje (het) / gsm (de)	Handy
sms (de)	SMS
sms'en	simsen
fax (de)	Fax
e-mail (de)	E-Mail
Wat is je e-mailadres?	Wie ist deine E-Mail-Adresse?
internettoegang (de)	Zugang ins Internet
op internet surfen / internetten	im Internet surfen

wachtwoord (het)	Passwort
website (de)	Website
link (de)	Link
chat (de) / msn (de)	Chat
chatten / msn'en	chatten
zoekmachine (de)	Suchmaschine
googelen	googeln

E-mailtekens
E-Mail-Zeichen

apenstaartje (het) / at (de)	@-Zeichen
punt (de / het)	Punkt
schuine streep / slash (de)	Schrägstrich
backslash (de)	negativer Schrägstrich, Backslash
liggend streepje (het) / underscore (de)	Unterstrich
koppelteken (het)	Minus, Bindestrich

Computer
Computer

computer (de)	Computer
laptop (de)	Laptop
computeren	am Computer arbeiten/spielen
opstarten	hochfahren
uitzetten / uitschakelen	abschalten
gebruiker (de)	Nutzer
provider (de)	Betreiber
toetsenbord (het)	Tastatur
scherm (het)	Bildschirm
cd-rom (de)	CD-ROM

dvd (de)	DVD
geheugenkaart (de)	Speicherkarte
harde schijf (de)	Festplatte
back-up (de)	Sicherungskopie
muis (de)	Maus
iets aanklikken	etwas anklicken
gegevens / data	Daten
downloaden	herunterladen
invoeren	eingeben
opslaan (sloeg op, opgeslagen) / saven	abspeichern
overzetten	übertragen
wissen / deleten	löschen
bestand (het)	Datei
werkgeheugen (het)	Arbeitsspeicher
printer (de)	Drucker
printen / afdrukken	drucken
virus (het)	Virus
antivirusprogramma (het) / virusscanner (de)	Virenschutzprogramm
besturingssysteem	Betriebssystem

Uitdrukkingen
Redewendungen

Is je moeder er?	Ist deine Mutter da?
Met wie spreek ik?	Wer ist am Apparat?
Kan ik met de bedrijfsleider spreken alstublieft?	Kann ich bitte mit dem Geschäftsführer sprechen?
Een momentje alstublieft.	Einen Augenblick bitte.
Ik verbind u door.	Ich verbinde Sie.
Blijft u even aan de lijn alstublieft.	Bitte bleiben Sie am Apparat.
Hij neemt niet op.	Er antwortet nicht.

De lijn is bezet.	Es ist besetzt.
Bent u zijn secretaresse?	Sind Sie seine Sekretärin?
Hij is niet op kantoor.	Er ist nicht im Büro.

Kunt u hem vragen om mij terug te bellen?	Könnten Sie ihn bitten, mich anzurufen?
Kan ik een boodschap achterlaten?	Kann ich eine Nachricht hinterlassen?
Wilt u een boodschap achterlaten?	Möchten Sie eine Nachricht hinterlassen?
Wanneer is hij terug?	Wann wird er zurück sein?
Ik bel over een uurtje nog eens terug.	Ich rufe in einer Stunde noch einmal an.
Ik kan u niet verstaan.	Ich kann Sie nicht verstehen.
Sorry, ik heb een verkeerd nummer gedraaid.	Entschuldigung, ich habe mich verwählt.
Ik bedoel dat ...	Ich meine, dass ...
Ik geloof niet dat ...	Ich glaube nicht, dass ...
Volgens mij ...	Meiner Meinung nach ...
Wat denk jij?	Was meinst du?
Dat is oké.	Das ist OK.
Ga je akkoord?	Bist du einverstanden?
Ik ga akkoord.	Ich bin einverstanden.
Ik ben het niet met je eens.	Ich stimme nicht mit dir überein.

Twijfel je?	Hast du Zweifel?
een voorstel afslaan (sloeg af, afgeslagen)	einen Vorschlag ablehnen
aannemen (nam aan, aangenomen)	akzeptieren
over iets nadenken (dacht na, nagedacht)	über etwas nachdenken
even	kurz …
Luister je überhaupt naar me?	Hörst du mir überhaupt zu?
Ik heb het niet begrepen.	Ich habe das nicht verstanden.
Zou u dat even kunnen herhalen?	Könnten Sie das wiederholen?
Ik heb een probleem.	Ich habe ein Problem.
Heeft u een idee?	Haben Sie eine Idee?
Wat wil je daarmee zeggen?	Was willst du damit sagen?
Dat betekent dat …	Das bedeutet, dass …
Kunt u een beetje harder spreken?	Sprechen Sie bitte etwas lauter!
zachter	leiser
duidelijker	deutlicher
langzamer	langsamer

1 Setzen Sie das richtige Verb ein.

a. een e-mail ______________ (schreiben)

b. een telefoonnummer ______________ (wählen)

c. een voorstel ______________ (ablehnen)

d. data ______________ (eingeben)

e. op internet ______________ (surfen)

f. de laptop ______________ (hochfahren)

2 Welche Wörter gehören zusammen?

a. printer →	wachtwoord
b. gebruiker	e-mailadres
c. radio	afdrukken
d. sms	brief
e. aangetekend	nieuws
f. apenstaartje	mobieltje

3 **Finden Sie alle 15 Wörter (waagerecht oder senkrecht)? Schreiben Sie sie auf.**

b	j	a	k	k	o	o	r	d	r	m	u	i	s
a	d	l	o	b	e	s	t	a	n	d	i	v	s
j	u	r	t	u	i	s	k	p	o	u	t	i	b
v	i	s	k	o	n	p	s	a	p	i	z	u	o
o	d	a	l	l	o	f	w	i	s	s	e	n	e
b	e	z	e	t	p	r	i	l	t	a	t	u	k
v	l	o	s	i	s	d	a	g	a	n	t	u	r
r	i	n	p	o	l	t	a	r	r	i	e	v	e
a	j	o	u	n	a	l	k	s	t	o	n	p	t
i	k	u	n	t	a	s	c	h	e	r	m	a	k
p	e	r	t	i	n	a	v	u	n	o	o	l	r
o	r	f	g	r	i	n	p	e	n	s	t	r	a
v	o	r	b	r	i	e	f	k	a	a	r	t	n
k	a	t	o	e	t	s	e	n	b	o	r	d	t

waagerecht

senkrecht

Freizeit

Vakantie
Ferien / Urlaub

vakantie (de)	Ferien / Urlaub
zomervakantie (de)	Sommerurlaub
hoogseizoen (het)	Hauptsaison
naseizoen (het)	Nebensaison
feestdag (de)	Feiertag

Vrijetijdsbesteding
Freizeitgestaltung

lezen (las, gelezen)	lesen
Ik lees graag.	Ich lese gern.
roman (de)	Roman
misdaadroman (de)	Krimi
naar muziek luisteren	Musik hören
Ik luister liever naar muziek.	Ich höre lieber Musik.
tv-kijken (keek tv, tv-gekeken)	fernsehen
computerspelletje (het)	Computerspiel
kruiswoordraadsel (het)	Kreuzworträtsel
fietsen	Rad fahren
rolschaatsen	Rollschuh laufen
inlineskaten	inlineskaten
schaatsen	Schlittschuh laufen

Elfstädtetour

Schaatsen ist in den Niederlanden neben Fußball der Nationalsport. Wenn es kalt genug ist, wird in der Provinz Friesland die *Elfstedentocht* organisiert, ein Schlittschuhrennen über die zugefrorenen Kanäle der elf friesischen Städte (u.a. Leeuwarden). Dieses Event findet nicht sehr oft statt, da das Eis nur selten dick genug ist.

skiën (skiede, geskied)	Ski fahren
voetballen	Fußball spielen
voetbalstadion (het)	Fußballstadion
handbal (het)	Handball
volleybal (het)	Volleyball
atletiek (de)	Leichtathletik
tennis (het)	Tennis
tennissen	Tennis spielen

Sportverben

Das Niederländische bietet viel mehr Möglichkeiten als das Deutsche, um aus Hauptwörtern Verben zu bilden, gerade im Sportbereich. Während die Deutschen Tennis, Fußball und Volleyball spielen, gehen die Niederländer *tennissen*, *voetballen* oder *volleyballen*. Und während man in Deutschland Ski oder Fahrrad fährt, gehen die Niederländer lieber *skiën* oder *fietsen*.

tafeltennis (het)	Tischtennis
joggen	joggen
wandelen	spazieren gehen
trekken (trok, getrokken) / wandelen	wandern
een uitstapje maken	einen Ausflug machen
zeilen	segeln
roeien	rudern
handwerken	handarbeiten
naaien	nähen
schilderen	malen
schilderij (het)	Gemälde
tekenen	zeichnen
plaat (de)	Bild
paragliden / schermvliegen	Gleitschirm fliegen
fitnessen	ins Fitnessstudio gehen
gymnastiek (de)	Gymnastik
aerobic (het)	Aerobic

met vrienden uitgaan (ging uit, uitgegaan)	mit Freunden ausgehen
café (het)	Kneipe
op café gaan	in die Kneipe gehen

dansen	tanzen
discotheek (de)	Diskothek
naar het theater gaan	ins Theater gehen
bioscoop (de)	Kino
concert (het)	Konzert
opera (de) – Pl: opera's	Oper
museum (het)	Museum
tentoonstelling (de)	Ausstellung
zwemmen (zwom, gezwommen)	schwimmen
meer (het)	See
zee (de)	Meer

Falsche Freunde

Nicht vewechseln: der See auf Niederländisch ist nicht *zee*, sondern *meer* und das Meer ist nicht *meer*, sondern *zee*.

strand (het)	Strand
schelpen zoeken (zocht, gezocht)	Muscheln sammeln

zonnebaden	ein Sonnenbad nehmen
reizen (reisde, gereisd)	reisen
een reis maken	eine Reise machen
cruise (de)	Kreuzfahrt

Feesten

Feste

verjaardag (de)	Geburtstag
Hartelijk gefeliciteerd!	Herzlichen Glückwunsch!
Gefeliciteerd met je verjaardag!	Herzlichen Glückwunsch zum Geburtstag!
bruiloft (de)	Hochzeit
trouwdag (de)	Hochzeitstag
jubileum (het)	Jubiläum
Kerstmis	Weihnachten
Prettige kerstdagen!	Frohe Weihnachten!
cadeau (het)	Geschenk
iets cadeau geven (gaf, gegeven)	schenken
oudjaar (het)	Silvester
Gelukkig Nieuwjaar!	Ein gutes neues Jahr!
Sinterklaas	Nikolaus
Pasen	Ostern
Koninginnedag	Königinnentag

Koninginnedag

Am 30. April färbt sich das ganze Land orange. An diesem Tag feiern die Niederländer nämlich *Koninginnedag*. Ursprünglich ist es der Geburtstag der herrschenden Königin, aber in dem Fall von Beatrix – die im Schlechtwettermonat Januar Geburtstag hat – hat man das Fest am Geburtstag ihrer Mutter Juliane beibehalten.

een barbecue organiseren	eine Grillparty veranstalten
vrienden uitnodigen	Freunde einladen
gast (de)	Gast
gastheer – gastvrouw (de)	Gastgeber – Gastgeberin

Goede wensen

Gute Wünsche

Veel plezier!	Viel Spaß!
Goeie reis!	Gute Reise!
Veel geluk!	Viel Glück!

1 Vervollständigen Sie die Wörter mit den fehlenden Vokalen.

a. h__ndw__rk__n

b. g__f__l__c__t__ __rd

c. z__nn__b__d__n

d. g__mn__st__ __k

e. c__mp__t__rsp__ll__tj__

f. __rg__n__s__r__n

g. b__ __sc__ __p

h. sch__ld__r__ __

i. t__nt__ __nst__ll__ng

j. v__ __tb__ll__n

k. v__rj__ __rd__g

l. K__rstm__s

2 Sagen Sie es in einem Wort.

a. met de fiets rijden ______________________

b. op skivakantie gaan ______________________

c. in water bewegen ______________________

d. een wandeling maken ______________________

e. een reis maken ______________________

f. een tekening maken ______________________

3 Was gehört zusammen?

a. prettige	gefeliciteerd
b. luisteren	zee
c. hartelijk	tv
d. kijken	muziek
e. schaatsen	kerstdagen
f. zeilen	winter
g. misdaadroman	tijd
h. uitgaan	lezen
i. vrije	café

Restaurant

Uitdrukkingen
Redewendungen

Ik wil graag een tafel reserveren.	Ich möchte einen Tisch reservieren.
voor twee personen	für zwei Personen
voor acht uur	für zwanzig Uhr
Brengt u ons de menukaart alstublieft?	Bringen Sie uns bitte die Speisekarte.
Eet smakelijk!	Guten Appetit!
Brengt u mij een biertje alstublieft?	Bringen Sie mir bitte ein Bier.

Nog wat brood alstublieft.	Noch etwas Brot, bitte.
Nog een biertje alstublieft.	Noch ein Bier, bitte.
De rekening alstublieft.	Die Rechnung, bitte.

Maaltijden
Mahlzeiten

ontbijt (het)	Frühstück
ontbijten (ontbeet, ontbeten)	frühstücken
middageten (het) / lunch (de)	Mittagessen

tussen de middag eten / lunchen	zu Mittag essen
avondeten (het) / diner (het)	Abendessen
dineren	zu Abend essen
tussendoortje (het)	Zwischenmahlzeit
iets tussendoor eten (at, gegeten)	eine Zwischenmahlzeit einnehmen

Gerechten

Gerichte

dagschotel (de)	Tagesmenü
drie gangen	drei Gänge
voorgerecht (het)	Vorspeise
hoofdgerecht (het)	Hauptgericht
nagerecht (het) / dessert (het)	Nachspeise

Vla

Die beliebteste und gleichzeitig billigste Nachspeise in den Niederlanden ist *vla*. Es ist eine Art dünnflüssiger Pudding, der kalt gegessen wird. *Vla* wird im Kühlregal jedes Supermarktes in allen möglichen Geschmacksrichtungen angeboten. In vielen niederländischen Familien gibt es täglich *vla* zum Nachtisch.

gemengde salade (de)	gemischter Salat
tomatensalade (de)	Tomatensalat
soep (de)	Suppe
De soep is te zout.	Die Suppe ist versalzen.
vleesbouillon (de)	Fleischbrühe
vlees (het)	Fleisch
varkensgebraad (het)	Schweinebraten
kotelet (de)	Kotelett
wienerschnitzel (de)	Wiener Schnitzel
kalkoenfilet (de)	Putenfilet
gebraden kip (de)	Brathähnchen
bijgerecht (het)	Beilage

gekookte aardappelen	Salzkartoffeln
friet (de) / patat (de) / frietjes	Pommes frites
gebakken aardappelen	Bratkartoffeln
rijst (de)	Reis
pasta (de)	Nudeln
tomatensaus (de)	Tomatensoße
jus (de)	Bratensoße
vis (de)	Fisch
gebakken vis	gebratener Fisch
gegrilde vis	gegrillter Fisch
spiegelei (het)	Spiegelei
roerei (het)	Rührei
consumptie-ijs (het)	Speiseeis
chocolade-ijs	Schokoladeneis
karamelpudding (de)	Karamellpudding
fruitsalade (de)	Obstsalat

Essen aus der Mauer

In den Niederlanden sieht man oft Fast-Food-Münzautomaten mit warmen, frittierten Köstlichkeiten, z.B. *kaaskroketten, frikandellen* etc. Diese Automaten sind in der Mauer eines Ladens eingebaut, daher sagt man auf Niederländisch *even snel iets uit de muur halen* („auf die Schnelle etwas aus der Mauer holen"). Und natürlich kann man auch *geld uit de muur halen.*

Dranken

Getränke

aperitief (het)	Aperitif
mineraalwater (het)	Mineralwasser
met – zonder prik	mit – ohne Kohlensäure
coca-cola® (de)	Coca-Cola®
appelsap (het)	Apfelsaft
sinaasappelsap (het)	Orangensaft
limonade (de)	Limonade

bier (het)	Bier
witbier (het)	Weißbier
rode wijn (de)	Rotwein
witte wijn (de)	Weißwein
mousserende wijn (de) / bubbelwijn (de)	Sekt
jenever (de)	Schnaps
cognac (de)	Kognak
espresso (de) – Pl: espresso's	Espresso
koffie (de)	Kaffee
met melk	mit Milch
zonder suiker	ohne Zucker

Tafeldekken

Gedeckter Tisch

bord (het)	Teller
glas (het) – Pl: glazen	Glas
kop (de)	Tasse
schotel (de)	Untertasse
kom (de)	Schüssel
bestek (het)	Besteck
mes (het)	Messer
vork (de)	Gabel
eetlepel (de)	Esslöffel
theelepel (de)	Teelöffel
servet (het)	Serviette
tafelkleed (het) / tafellaken (het)	Tischdecke
zout (het)	Salz
peper (de)	Pfeffer
azijn (de)	Essig
olie (de)	Öl
tandenstoker (de)	Zahnstocher

1 Ordnen Sie zu.

fruitsalade vis varkensgebraad jenever
appelsap consumptie-ijs kalkoenfilet dagschotel
water met prik vla

hoofdgerecht	dessert	drank
______	______	______
______	______	______
______	______	______
______	______	______

2 Welche Wörter sind *de*- und welche *het-woorden*?

jus	bord	servet	peper
azijn	saus	olie	tafellaken
ontbijt	hoofdgerecht	koffie	vlees

de-woorden	het-woorden
______	______
______	______
______	______
______	______
______	______
______	______

3 **Lösen Sie das Kreuzworträtsel.**

a. Untertasse
b. Suppe
c. ... und Pfeffer
d. Liegt auf dem Tisch.
e. Rührei
f. Woraus sind „frieten“ gemacht?
g. Beilage
h. Daraus trinkt man Wasser.

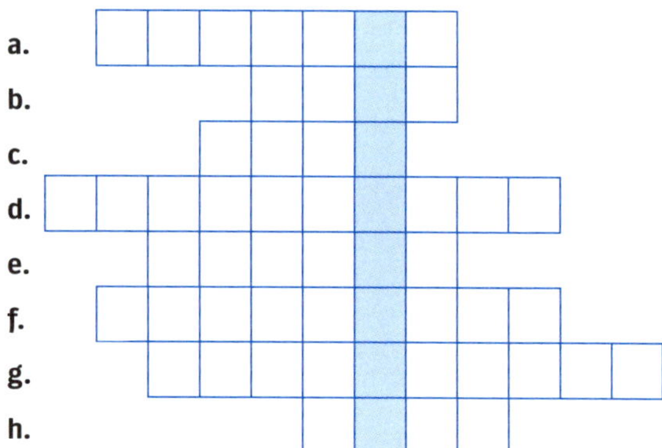

Lösungswort: ____________________

Hotel

Soorten accomodaties

Arten von Unterkünften

hotel (het)	Hotel
viersterrenhotel	Vier-Sterne-Hotel
pension (het)	Pension
jeugdherberg (de)	Jugendherberge
vakantiehuis (het)	Ferienwohnung
camping (de)	Campingplatz
camper (de)	Wohnwagen
tent (de)	Zelt

Uitdrukkingen

Redewendungen

Ik zou graag een kamer reserveren / boeken.	Ich möchte ein Zimmer reservieren.
annuleren	stornieren
receptie (de)	Rezeption
Wij zijn volgeboekt.	Wir sind ausgebucht.
Heeft u een eenpersoonskamer?	Haben Sie ein Einzelzimmer?
tweepersoonskamer (de)	Doppelzimmer
kinderbed (het)	Kinderbett
kamer met bad	Zimmer mit Bad
met douche	mit Dusche
rustige kamer	ruhiges Zimmer
met zeezicht	mit Meerblick
centraal gelegen	zentral gelegen

Is er een sauna?	Gibt es eine Sauna?
fitnessruimte (de)	Fitnessraum
zwembad (het) – Pl: zwembaden	Schwimmbad
lift (de)	Aufzug
kluis (de) / safe (de)	Safe
internetaansluiting (de)	Internet-Anschluss
satelliettelevisie (de)	Satellitenfernsehen
parkeerplaats (de)	Parkplatz
ondergrondse garage (de)	Tiefgarage
Kan ik de kamer zien?	Kann ich das Zimmer sehen?
Wat kost een overnachting?	Was kostet eine Nacht?
met ontbijt	mit Frühstück
met halfpension	mit Halbpension
met volpension	mit Vollpension
Waar is de ontbijtzaal?	Wo ist der Frühstücksraum?
Wanneer kunnen we ontbijten?	Wann können wir frühstücken?
Ik kom na acht uur aan.	Ich komme nach 20 Uhr an.
Wij vertrekken morgen om zes uur.	Wir reisen morgen um 6 Uhr ab.

Klachten

Beanstandungen

Er is geen warm water.	Es gibt kein Warmwasser.
De airco(nditioning) doet het niet.	Die Klimaanlage funktioniert nicht.
In de lamp ontbreekt een peertje.	In der Lampe fehlt eine Glühbirne.
Het raam sluit niet goed.	Das Fenster schließt nicht richtig.
Er zijn geen handdoeken.	Es sind keine Handtücher da.
Het toilet is niet schoon.	Die Toilette ist nicht sauber.
De wastafel is verstopt.	Das Waschbecken ist verstopft.
Er is te veel lawaai.	Es ist zu laut.

1 **Finden Sie alle 15 Wörter (waagerecht oder senkrecht)? Schreiben Sie sie auf.**

s	j	o	k	i	n	d	e	r	b	e	d	i	t
p	d	v	o	b	k	s	t	a	n	d	i	v	e
a	r	e	h	a	l	f	p	e	n	s	i	o	n
r	i	r	t	o	u	p	r	a	p	i	k	u	t
k	d	n	l	e	i	f	w	i	k	t	o	n	e
e	c	a	e	t	s	h	i	v	t	a	t	u	k
e	a	c	c	o	m	o	d	a	t	i	e	s	r
r	m	h	o	o	l	t	i	k	k	a	m	e	r
p	p	t	u	n	a	e	k	a	z	i	n	p	u
l	e	i	n	t	a	l	c	n	e	r	s	a	s
a	r	n	t	i	z	a	v	t	n	o	o	l	t
a	i	g	g	z	e	e	z	i	c	h	t	r	i
t	o	j	e	u	g	d	h	e	r	b	e	r	g
s	a	t	v	o	l	g	e	b	o	e	k	t	a

waagerecht

senkrecht

2 Was sagen Sie auf Niederländisch, wenn ...

a. ... Sie ein Einzelzimmer reservieren möchten?

____

b. ... Sie wissen möchten, ob es einen Fitnessraum gibt?

____

c. ... Sie wissen möchten, wann Sie frühstücken können?

____

d. ... die Toilette nicht sauber ist?

____

e. ... Sie das Zimmer sehen möchten?

____

f. ... Sie wissen möchten, wo die Tiefgarage ist?

____

3 Setzen Sie das Eigenschaftswort in die richtige Form.

a. een ______________ (groot) zwembad

b. de ______________ (klein) kamer

c. de ______________ (verstopt) wastafel

d. een ______________ (rustig) ontbijtzaal

e. ______________ (schoon) handdoeken

f. geen ______________ (warm) water

Reise und Verkehr

Vervoermiddelen
Verkehrsmittel

auto (de) – Pl: auto's	Auto
Ik rij(d) met de auto naar het werk.	Ich fahre mit dem Auto zur Arbeit.
fiets (de)	Fahrrad
De kinderen rijden met de fiets naar school.	Die Kinder fahren mit dem Fahrrad zur Schule.
met de bus	mit dem Bus
met de metro	mit der U-Bahn
met de tram	mit der Straßenbahn
met de trein	mit dem Zug
met het schip	mit dem Schiff

Hausboote

Im Amsterdamer Straßen- bzw. Grachtenbild sieht man jede Menge Hausboote. Offiziell sind es 2500, aber es gibt mindestens weitere 1500 Boote, die illegal (aber von den Behörden toleriert) an den 160 Kanälen im Zentrum angelegt haben. Ursprünglich war diese Wohnform armen Familien vorbehalten, heutzutage aber ist ein Wohnboot sehr trendy. In manchen Fällen zahlt man sogar mehr für ein Eigentumsboot als für eine Wohnung.

met het vliegtuig	mit dem Flugzeug
met de motor(fiets)	mit dem Motorrad
te voet	zu Fuß

Met de trein reizen

Mit dem Zug reisen

station (het)	Bahnhof
perron (het)	Bahnsteig
spoor (het)	Gleis
loket (het)	Fahrkartenschalter
Waar vertrekt de trein? (vertrok, vertrokken)	Wo fährt der Zug ab?
Hoe laat vertrekt de trein?	Um wie viel Uhr fährt der Zug ab?
Hoe laat komt de trein aan?	Um wie viel Uhr kommt der Zug an?
De trein heeft vertraging.	Der Zug hat Verspätung.

Zugfahren in Belgien

Wussten Sie, dass das belgische Schienennetz mit fast 4000 km auf einer Gesamtfläche von 32.000 km² das dichteste Netz Europas ist?

enkele reis (de) / enkeltje (het)	einfache Fahrkarte
retourtje (het)	Rückfahrkarte
overstappen	umsteigen
zitplaats	Sitzplatz
plaats aan het raam	Fensterplatz
plaats aan het gangpad	Platz am Gang
bagagedepot (het)	Gepäckaufbewahrung
bagagerek (het)	Gepäckträger
restauratiewagen (de)	Speisewagen
slaaprijtuig (het)	Schlafwagen
ligrijtuig (het)	Liegewagen

Met het vliegtuig reizen

Mit dem Flugzeug reisen

luchthaven (de)	Flughafen
vertrek (het)	Abflug
aankomst (de)	Ankunft
directe vlucht (de)	Direktflug
tussenlanding (de)	Zwischenlandung
lijnvlucht (de)	Linienflug
chartervlucht (de)	Charterflug
een vlucht boeken	einen Flug buchen
een vlucht annuleren	einen Flug stornieren
vertrekhal (de)	Abfertigungshalle
inchecken	einchecken
handbagage (de)	Handgepäck
veiligheidscontrole (de)	Sicherheitskontrolle
Kan ik alstublieft uw paspoort zien?	Kann ich bitte Ihren Pass sehen?
identiteitskaart (de)	Personalausweis
instapkaart (de)	Bordkarte
douane (de)	Zoll
Heeft u iets aan te geven?	Haben Sie etwas zu verzollen?

veiligheidsgordel (de)	Sicherheitsgurt
zuurstofmasker (het)	Sauerstoffmaske
zwemvest (het)	Schwimmweste

Met de auto reizen
Mit dem Auto reisen

secundaire weg (de)	Landstraße
eenrichtingsweg (de)	Einbahnstraße
doodlopende weg (de)	Sackgasse
rotonde (de)	Kreisverkehr
ringweg (de)	Umgehungsstraße
omleiding (de)	Umleitung
(auto)snelweg (de)	Autobahn
tolweg (de)	Mautautobahn

Kilometergeld statt KFZ-Steuer

Ab 2012 wird das System der Verkehrsbesteuerung in den Niederlanden reformiert. Statt der KFZ-Steuer wird jeder Autobesitzer eine Gebühr pro gefahrenem Kilometer zahlen, egal ob er im In- oder Ausland unterwegs ist. Die niederländischen Autos werden dafür mit speziellen GPS-Geräten ausgestattet. Diese Umstellung soll das Klima schützen und die Staus verringern.

Welke uitrit moet ik nemen?	Welche Ausfahrt muss ich nehmen?
oprit (de)	Auffahrt
Het volgende wegrestaurant bevindt zich op 5 km.	Die nächste Raststätte ist in 5 km.
parkeerplaats (de)	Parkplatz
vrije parkeerplaats	Parklücke
links afslaan (sloeg af, afgeslagen)	nach links abbiegen
rechts afslaan	nach rechts abbiegen
rechtdoor rijden (reed, gereden)	geradeaus fahren
verkeerslicht (het)	Ampel

kruispunt (het)	Kreuzung
verkeersbord (het)	Verkehrsschild
rijbewijs (het)	Führerschein
autopapieren	Fahrzeugpapiere
inhalen	überholen
te snel rijden	zu schnell fahren
verkeer (het)	Verkehr
file (de)	Stau
geldboete (de)	Geldbuße
Ik heb een lekke band.	Ich habe einen Platten.
pech (de)	Panne

Aan het benzinestation

An der Tankstelle

U mag de auto voltanken.	Volltanken, bitte.
benzine (de)	Benzin
Twintig liter super alstublieft.	20 Liter Super, bitte.
motorolie (de)	Motoröl
Kunt u de bandenspanning controleren alstublieft?	Könnten Sie bitte den Reifendruck prüfen?
banden wisselen	Reifen wechseln
oliestand controleren	Ölstand kontrollieren
olie wisselen	Öl wechseln
De motor maakt rare geluiden.	Der Motor macht seltsame Geräusche.

rem (de)	Bremse
handrem (de)	Handbremse
versnelling (de)	Gangschaltung
koppeling (de)	Kupplung
ruitenwisser (de)	Scheibenwischer
Ik heb een bougie nodig.	Ich brauche eine Zündkerze.
lampje voor het achterlicht	Glühbirne für das Rücklicht
groot licht (het)	Fernlicht
koplamp (de)	Scheinwerfer
De accu is leeg.	Die Batterie ist leer.

Openbaar vervoer
Öffentlicher Nahverkehr

De bussen rijden om de tien minuten.	Die Busse verkehren alle zehn Minuten.
buschauffeur (de)	Busfahrer
plaatsbewijs (het) / kaartje (het)	Fahrschein
dagkaart (de)	Tageskarte
maandabonnement (het)	Monatskarte
Je moet het plaatsbewijs op de bus kopen.	Man muss den Fahrschein im Bus kaufen.
kaartjesautomaat (de)	Fahrscheinautomat
plaatsbewijs afstempelen	Fahrschein entwerten
Gaat deze metro naar het centraal station?	Fährt diese U-Bahn zum Hauptbahnhof?
Welke tram gaat naar het centraal station?	Welche Straßenbahn fährt zum Bahnhof?
halte (de)	Haltestelle
Aan welke halte moet ik overstappen?	An welcher Haltestelle muss ich umsteigen?
uitstappen	aussteigen
instappen	einsteigen

1 Was gehört zusammen?

a. spoor → trein

a. spoor	veiligheidscontrole
b. vertrekhal	loket
c. instapkaart	trein
d. retourtje	omleiding
e. file	afslaan
f. kruispunt	luchthaven

2 Vervollständigen Sie die Wörter mit den fehlenden Vokalen.

a. v__rk__ __rsb__rd

b. v__rtr__g__ng

c. __l__ __st__nd

d. h__ndb__g__g__

e. sl__ __pr__ __t__ __g

f. __ __nr__cht__ngsw__g

g. z__ __rst__fm__sk__r

h. p__rk__ __rpl__ __ts

i. c__ntr__l__r__n

j. v__ __l__gh__ __dsg__rd__l

k. __d__nt__t__ __tsk__ __rt

l. m__t__rf__ __ts

3 **Was sagen Sie auf Niederländisch, wenn ...**

a. ... Sie wissen möchten, an welcher Haltestelle Sie umsteigen müssen?

____

b. ... Sie einen Platten haben?

____

c. ... Sie wissen möchten, wo der Zug abfährt?

____

d. ... Sie einen Scheibenwischer brauchen?

____

e. ... Sie mit dem Fahrrad in die Arbeit fahren?

____

f. ... Sie wissen möchten, um wie viel Uhr die Straßenbahn ankommt?

____

Gesundheit

Lichaamsdelen en organen

Körperteile und Organe

hoofd (het)	Kopf

Köpfe und Häupter

Im Deutschen haben sowohl Menschen als auch Tiere Köpfe. Im Niederländischen wird ein Unterschied gemacht: Tiere haben einen *kop* und ein menschlicher Kopf ist ein *hoofd*. *Hoofd* kann man genau wie das deutsche „Haupt" ebenso für den/die VorsteherIn einer Gruppe verwenden.

gezicht (het)	Gesicht
oog (het)	Auge
oor (het)	Ohr
neus (de)	Nase
mond (de)	Mund
tong (de)	Zunge
tand (de) / kies (de)	Zahn
arm (de)	Arm
hand (de)	Hand
vinger (de)	Finger
been (het)	Bein
knie (de)	Knie
voet (de)	Fuß
teen (de)	Zeh
nek (de)	Nacken
rug (de)	Rücken
schouder (de)	Schulter
borst (de)	Brust
hart (het)	Herz
maag (de)	Magen
nier (de)	Niere

lever (de)	Leber
long (de)	Lunge

Uitdrukkingen
Redewendungen

Hoe gaat het met je?	Wie geht es dir?
Dank je, met mij gaat het goed.	Danke, mir geht es gut.
En hoe maakt u het?	Und wie geht es Ihnen?
Ik heb de griep.	Ich habe die Grippe.
Ik heb koorts.	Ich habe Fieber.
Ik ben duizelig.	Mir ist schwindlig.
Ik ben misselijk.	Mir ist übel.
Ik voel me heel slecht.	Ich fühle mich sehr schlecht.
Vandaag gaat het beter met me.	Heute geht es mir besser.
Ik moet naar de dokter (gaan).	Ich muss zum Arzt gehen.
Ik heb hoofdpijn.	Ich habe Kopfschmerzen.
Mijn voeten doen pijn.	Mir tun die Füße weh.
Zij heeft keelpijn.	Sie hat Halsschmerzen.
Ik ben verkouden.	Ich bin erkältet.
Ik moet (erg) hoesten.	Ich habe Husten.
Ik heb hoestsiroop nodig.	Ich brauche Hustensaft.
een gebroken been	ein gebrochenes Bein
een verstuikte voet	ein verstauchter Fuß
een snijwonde	eine Schnittwunde
hoge bloeddruk	hoher Blutdruck
lage bloeddruk	niedriger Blutdruck
Hij heeft tandpijn / kiespijn.	Er hat Zahnschmerzen.
Morgen heeft hij een afspraak bij de tandarts.	Morgen hat er einen Zahnarzttermin.
Hij werd naar het ziekenhuis gebracht.	Er wurde ins Krankenhaus gebracht.
Wij leven heel gezond.	Wir leben sehr gesund.
Wij doen regelmatig aan sport.	Wir treiben regelmäßig Sport.

Wij eten veel vitamines.	Wir essen viele Vitamine.
Wij zijn vegetariërs.	Wir sind Vegetarier.
Wij gaan één keer per jaar op dieet.	Wir machen einmal im Jahr eine Diät.

Veel beterschap!	Gute Besserung!

1 Streichen Sie durch, was nicht passt.

a. oor	neus	mond	nek	oog
b. hoofdpijn	keelpijn	snijwonde	hoesten	verkouden
c. long	tand	nier	lever	hart
d. ziekenhuis	dokter	tandarts	afspraak	misselijk

2 Nummerieren Sie den Dialog in der richtigen Reihenfolge.

_____ Heel goed. En met jou?

_____ Oei, heb je ook koorts?

__1__ Dag Katrien!

_____ Ja, ik heb een afspraak om 14 uur.

_____ Niet zo goed. Ik heb de griep.

_____ Dank je! Tot ziens!

_____ Dat klinkt niet goed. Zou je niet beter naar de dokter gaan?

_____ Hoi Inge, hoe gaat het met je?

_____ Ja, 39 graden. En ik moet erg hoesten. Ik voel me echt heel slecht.

_____ Goed. Veel beterschap dan!

3 **Übersetzen Sie die niederländischen Sätze ins Deutsche.**

a. We gaan twee keer per maand op dieet.

____

b. Hij is heel duizelig.

____

c. Mijn schoonzus heeft een lage bloeddruk.

____

d. Inge is verkouden.

____

e. Vandaag gaat het beter met me.

____

f. Mijn man heeft hoestsiroop nodig.

____

Natur und Umwelt

Planten

Pflanzen

boom (de)	Baum
blad (het) – Pl: bladeren	Blatt

Bladeren* und *bladen

Das niederländische Wort *blad* hat zwei unterschiedliche Mehrzahlformen. Wenn es Blätter eines Baumes sind, sind es *bladeren*, wenn es Blätter in einem Buch sind, sagt man *bladen*.

eik (de)	Eiche
kastanje (de)	Kastanie
den (de)	Kiefer
struik (de)	Busch
plant (de)	Pflanze
bloem (de)	Blume
gras (het)	Gras
heg (de)	Hecke
heide (de)	Heide

Dieren

Tiere

huisdier (het)	Haustier
hond (de)	Hund
kat (de)	Katze
paard (het)	Pferd
konijn (het)	Kaninchen
vogel (de)	Vogel
muis (de)	Maus
rat (de)	Ratte

varken (het)	Schwein
koe (de) – Pl: koeien	Kuh
kip (de)	Huhn
haan (de)	Hahn
kalkoen (de)	Pute
gans (de)	Gans
eend (de)	Ente
schaap (het)	Schaf
geit (de)	Ziege
eekhoorntje (het)	Eichhörnchen
vos (de)	Fuchs
hert (het)	Hirsch
leeuw (de)	Löwe
aap (de)	Affe
beer (de)	Bär
slang (de)	Schlange
slak (de)	Schnecke
schildpad (de)	Schildkröte
lieveheersbeestje (het)	Marienkäfer
bij (de)	Biene
vlieg (de)	Fliege
wesp (de)	Wespe
mug (de)	Mücke
spin (de)	Spinne
vis (de)	Fisch

Landschapsvormen

Landschaftsformen

natuur (de)	Natur
natuurreservaat (het)	Naturschutzgebiet
heuvel (de)	Hügel
berg (de)	Berg
gebergte (het)	Gebirge
helling (de)	Hang

rots (de)	Felsen
dal (het) – Pl: dalen	Tal
ravijn (het)	Schlucht
veld (de)	Feld
park (het)	Park
bos (het)	Wald
oerwoud (het)	Urwald
rivier (de)	Fluss
beek (de)	Bach
meer (het)	See
zee (de)	Meer
kust (de)	Küste
woestijn (de)	Wüste
vulkaan (de)	Vulkan

Klimaat en milieubescherming

Klima und Umweltschutz

weer (het)	Wetter
weerbericht (het)	Wettervorhersage
zon (de)	Sonne
De zon schijnt.	Die Sonne scheint.
zonne-energie (de)	Sonnenenergie
regen (de)	Regen
hagel (de)	Hagel
sneeuw (de)	Schnee
vorst (de)	Frost
Het regent/hagelt/sneeuwt/vriest.	Es regnet/hagelt/schneit/friert.
mist (de) / nevel (de)	Nebel
wolk (de)	Wolke
warmte (de)	Wärme
koude (de)	Kälte
wind (de)	Wind

Het is mistig/bewolkt/winderig.	Es ist neblig/bewölkt/windig.
Het is warm/koud/heet.	Es ist warm/kalt/heiß.
windenergie (de)	Windenergie
storm (de)	Sturm
onweer (het)	Gewitter
bliksem (de)	Blitz
donder (de)	Donner
aardbeving (de)	Erdbeben
droogte (de)	Trockenheit
hoogwater (het)	Hochwasser
stuwmeer (het)	Stausee
klimaatverandering (de)	Klimawandel
broeikaseffect (het)	Treibhauseffekt
opwarming van de aarde (de)	Erderwärmung
gat in de ozonlaag (het)	Ozonloch
luchtvervuiling (de)	Luftverschmutzung
giftig afval (het)	Giftmüll
atoomcentrale (de)	Atomkraftwerk
milieu (het)	Umwelt
milieubescherming (de)	Umweltschutz
milieuactivist (de)	Umweltschützer

1 **Bei den Pflanzen und Tieren sind die Buchstaben durcheinander geraten. Ordnen Sie diese.**

a. rehonjoeket ____________

b. sketajan ____________

c. wuele ____________

d. psidaclhd ____________

e. kruist ____________

f. renavk ____________

2 **Vervollständigen Sie die Sätze mithilfe der folgenden Wörter.**

luchtvervuiling woestijn slakken
mug oerwoud bos paard
rivieren gebergtes koud

a. De Himalaya en de Pyreneeën zijn ____________________.

b. Als het vriest, is het heel ____________________.

c. In steden als New Delhi en Bombay is de ____________________ een groot probleem.

d. In het ____________________ hoor je ’s nachts rare geluiden.

e. In de ____________________ is er meer zand dan water.

f. In een ____________________ staan veel bomen.

g. Ik ben door een ____________________ gestoken.

h. De Schelde en de Rijn zijn grote ____________________.

i. In Frankrijk kan je in een restaurant ____________________ bestellen.

j. Sinterklaas rijdt op een wit ____________________.

3 **Finden Sie alle 10 Wetterbegriffe (waagerecht oder senkrecht)? Schreiben Sie sie auf.**

a	k	t	s	n	e	e	u	w	o	l
g	r	i	n	o	p	l	e	a	k	o
s	b	a	r	t	s	o	k	r	i	w
p	e	t	l	o	t	i	e	m	r	i
k	w	o	i	v	o	r	s	t	a	n
d	o	n	d	e	r	o	l	e	a	d
z	l	i	b	a	m	n	o	r	r	e
s	k	o	s	v	u	w	m	n	e	r
a	t	i	n	n	o	e	r	d	l	i
f	r	k	o	u	d	e	s	t	o	g
w	e	e	r	b	e	r	i	c	h	t

waagerecht

____

____

____

____

____

senkrecht

____

____

____

____

____

Lösungen zu den Tests

1 Familie en sociale contacten

Familie und soziales Leben

1

a. vader, dochter
b. neef, nicht
c. kleinzoon, opa/grootvader
d. tante, neef
e. broer, zus
f. kleindochter, oma/grootmoeder
g. zwager/schoonbroer, schoonzus
h. zoon, moeder

2

a. broer
b. dik
c. lang
d. goeienavond
e. halfuur
f. herfst

3

a. **w**andeling
b. bruideg**o**m
c. l**e**lijk
d. ka**n**toor
e. **s**ecretaresse
f. vrien**d**elijk
g. ma**a**rt
h. jon**g**

Lösungswort: woensdag

2 Wonen

Wohnen

1

a. wonen
b. deken
c. schroevendraaier
d. schilderij

2

a. keuken
b. slaapkamer
c. woonkamer
d. werkkamer
e. tuin
f. badkamer

3

a	p	o	r	l	u	n	c	h	g	p	t	f	n
s	k	o	e	l	k	a	s	t	o	r	u	g	a
h	a	t	u	k	o	p	o	f	g	a	i	e	t
o	m	p	e	r	i	t	n	g	k	a	n	n	s
o	e	g	j	a	o	f	t	z	k	c	k	i	n
f	a	r	b	n	i	f	b	o	e	k	m	o	z
d	f	a	u	t	e	u	i	l	u	z	e	n	o
k	o	s	g	h	o	e	j	l	k	a	n	i	l
u	k	m	o	p	l	a	t	t	e	l	a	n	d
s	t	a	d	s	w	i	j	k	n	e	f	o	e
s	g	a	m	o	r	i	f	e	s	t	s	a	r
e	r	i	j	t	j	e	s	h	u	i	s	f	a
n	o	e	a	a	n	t	r	e	k	k	e	n	t
g	o	r	d	i	j	n	t	l	a	p	s	o	n

waagerecht: lunch, koelkast, fauteuil, platteland, stadswijk, rijtjeshuis, aantrekken, gordijn
senkrecht: hoofdkussen, grasmaaier, krant, ontbijt, keuken, tuin, zolder

3 Kleding
Kleidung

1

a. blauw
b. groen
c. rood
d. zwart
e. oranje
f. geel

2

a. leuke
b. bruine
c. gele
d. nieuw
e. diamanten
f. leren

3

man: das, overhemd, pak, zwembroek, colbert
vrouw: rok, mantelpak, jurk, bloes, panty, badpak
neutraal: broek, trui, jeans, T-shirt, jas, mantel

4 Boodschappen doen
Einkaufen

1

a. bakkerij
b. apotheek
c. supermarkt
d. slagerij
e. viswinkel
f. drankwinkel

2

a. gebak **b.** zalm **c.** suiker **d.** wortel

3

a. negen
b. drieëndertig
c. zeshonderd
d. zevenentachtig
e. vijfduizend
f. honderdtweeënveertig
g. vijfentwintig
h. een miljoen
i. tweeënveertig

5 School en beroep

Schule und Beruf

Waagerecht
1. voltijds
6. salaris
8. tandarts
10. boekhouder
11. onderwijzen

Senkrecht
2. leerling
3. herstellen
4. huisvrouw
5. klant
6. schoenmaker
7. kapster
9. bedrijf

a. kapsalon
b. rechtbank
c. kantoor
d. school
e. winkel
f. ziekenhuis

3

a. lerares
b. verkoper
c. actrice
d. journaliste
e. bediende
f. boerin

6 Communicatie

Kommunikation

1

a. schrijven
b. kiezen
c. afslaan
d. invoeren
e. surfen
f. opstarten

2

a. afdrukken
b. wachtwoord
c. nieuws
d. mobieltje
e. brief
f. e-mailadres

3

b	j	a	k	k	o	o	r	d	r	m	u	i	s
a	d	l	o	b	e	s	t	a	n	d	i	v	s
j	u	r	t	u	i	s	k	p	o	u	t	i	b
v	i	s	k	o	n	p	s	a	p	i	z	u	o
o	d	a	l	l	o	f	w	i	s	s	e	n	e
b	e	z	e	t	p	r	i	l	t	a	t	u	k
v	l	o	s	i	s	d	a	g	a	n	t	u	r
r	i	n	p	o	l	t	a	r	r	i	e	v	e
a	j	o	u	n	a	l	k	s	t	o	n	p	t
i	k	u	n	t	a	s	c	h	e	r	m	a	k
p	e	r	t	i	n	a	v	u	n	o	o	l	r
o	r	f	g	r	i	n	p	e	n	s	t	r	a
v	o	r	b	r	i	e	f	k	a	a	r	t	n
k	a	t	o	e	t	s	e	n	b	o	r	d	t

waagerecht: akkoord, muis, bestand, wissen, bezet, scherm, briefkaart, toetsenbord

senkrecht: duidelijker, punt, opslaan, opstarten, uitzetten, boek, krant

7 Vrije tijd

Freizeit

1

a. handwerken
b. gefeliciteerd
c. zonnebaden
d. gymnastiek
e. computerspelletje
f. organiseren
g. bioscoop
h. schilderij
i. tentoonstelling
j. voetballen
k. verjaardag
l. Kerstmis

2

a. fietsen
b. skiën
c. zwemmen
d. wandelen
e. reizen
f. tekenen

3

a. kerstdagen
b. muziek
c. gefeliciteerd
d. tv
e. winter
f. zee
g. lezen
h. café
i. tijd

8 Restaurant

Restaurant

1

hoofdgerecht: vis, varkensgebraad, kalkoenfilet, dagschotel
dessert: fruitsalade, consumptie-ijs, vla
drank: jenever, appelsap, water met prik

2

de-woorden: jus, peper, azijn, saus, olie, koffie
het-woorden: bord, servet, tafellaken, ontbijt, hoofdgerecht, vlees

3

a. schotel
b. soep
c. zout
d. tafelkleed
e. roerei
f. aardappel
g. bijgerecht
h. glas

Lösungswort: eetlepel

9 Hotel

Hotel

1

s	j	o	k	i	n	d	e	r	b	e	d	i	t
p	d	v	o	b	k	s	t	a	n	d	i	v	e
a	r	e	h	a	l	f	p	e	n	s	i	o	n
r	i	r	t	o	u	p	r	a	p	i	k	u	t
k	d	n	l	e	i	f	w	i	k	t	o	n	e
e	c	a	e	t	s	h	i	v	t	a	t	u	k
e	a	c	c	o	m	o	d	a	t	i	e	s	r
r	m	h	o	o	l	t	i	k	k	a	m	e	r
p	p	t	u	n	a	e	k	a	z	i	n	p	u
l	e	i	n	t	a	l	c	n	e	r	s	a	s
a	r	n	t	i	z	a	v	t	n	o	o	l	t
a	i	g	g	z	e	e	z	i	c	h	t	r	i
t	o	j	e	u	g	d	h	e	r	b	e	r	g
s	a	t	v	o	l	g	e	b	o	e	k	t	a

waagerecht: kinderbed, halfpension, accomodaties, kamer, zeezicht, jeugdherberg, volgeboekt
senkrecht: parkeerplaats, camper, overnachting, kluis, hotel, vakantie, tent, rustig

2

a. Ik zou graag een eenpersoonskamer reserveren/boeken.
b. Is er een fitnessruimte?
c. Wanneer kunnen we ontbijten?
d. Het toilet is niet schoon.
e. Kan ik de kamer zien?
f. Waar is de ondergrondse garage?

3

a. een groot zwembad
b. de kleine kamer
c. de verstopte wastafel
d. een rustige ontbijtzaal
e. schone handdoeken
f. geen warm water

10 Reizen en verkeer
Reise und Verkehr

1

a. trein
b. luchthaven
c. veiligheidscontrole
d. loket
e. omleiding
f. afslaan

2

a. verkeersbord
b. vertraging
c. oliestand
d. handbagage
e. slaaprijtuig
f. eenrichtingsweg
g. zuurstofmasker
h. parkeerplaats
i. controleren
j. veiligheidsgordel
k. identiteitskaart
l. motorfiets

3

a. Aan welke halte moet ik overstappen?
b. Ik heb een lekke band.
c. Waar vertrekt de trein?
d. Ik heb een ruitenwisser nodig.
e. Ik rijd met de fiets naar het werk.
f. Hoe laat komt de tram aan?

11 Gezondheid
Gesundheit

1

a. nek **b.** snijwonde **c.** tand **d.** misselijk

2

3, 5, 1, 8, 4, 10, 7, 2, 6, 9

3

a. Wir machen zweimal im Monat eine Diät.
b. Ihm ist sehr schwindlig.
c. Meine Schwägerin hat einen niedrigen Blutdruck.
d. Inge ist erkältet.
e. Heute geht es mir besser.
f. Mein Mann braucht Hustensaft.

12 Natuur en milieu
Natur und Umwelt

1

a. eekhoorntje
b. kastanje
c. leeuw
d. schildpad
e. struik
f. varken

2

a. gebergtes
b. koud
c. luchtvervuiling
d. oerwoud
e. woestijn
f. bos
g. mug
h. rivieren
i. slakken
j. paard

3

a	k	t	s	n	e	e	u	w	o	l
g	r	i	n	o	p	l	e	a	k	o
s	b	a	r	t	s	o	k	r	i	w
p	e	t	l	o	t	i	e	m	r	i
k	w	o	i	v	o	r	s	t	a	n
d	o	n	d	e	r	o	l	e	a	d
z	l	i	b	a	m	n	o	r	r	e
s	k	o	s	v	u	w	m	n	e	r
a	t	i	n	n	o	e	r	d	l	i
f	r	k	o	u	d	e	s	t	o	g
w	e	e	r	b	e	r	i	c	h	t

waagerecht: sneeuw, vorst, donder, koude, weerbericht
senkrecht: bewolkt, storm, onweer, warmte, winderig

Aussprache

Die Aussprache der meisten **Konsonanten** unterscheidet sich nicht von der deutschen Aussprache. Bei den folgenden Konsonanten bzw. Buchstabenverbindungen gibt es allerdings Besonderheiten.

Buchstabe(n)	**Aussprache** ***(ggf. mit deutschem Beispiel)***	**Niederländisches Beispiel**
c	vor *a, o, u* und Konsonanten wie *k* (Kind)	vacature = Stellenangebot, architect = Architekt
	vor *e* und *i* wie scharfes (d.h. stimmloses) *s* (dass)	centraal = zentral, sollicitatie = Bewerbung
ch	wie *ch* (Nacht)	lichtblauw = hellblau
	bei einigen Fremdwörtern: wie *sch* (Schokolade)	chocolade = Schokolade, machine = Maschine
g	wie *ch* (Nacht)	gaat = geht, morgen = morgen, dag = Tag
l	ähnlich wie das kehlige *l* im Kölner Dialekt	heel = sehr, bril = Brille
s	wie scharfes (d.h. stimmloses) *s* (dass), auch am Wortanfang	sorry = sorry, zus = Schwester
	mit *p* und *t* wie *s + p* (Wespe) bzw. *s + t* (Rast)	spreken = sprechen, stoel = Stuhl
	mit *j* wie *sch* (Schule)	sjaal = Schal, meisje = Mädchen
sch	wie zwei getrennte Laute: scharfes *s* (dass) + *ch* (Nacht)	Schiphol = Schiphol, schrijven = schreiben
	am Ende einer unbetonten Silbe: wie scharfes *s* (dass)	Belgisch = belgisch, een Belgische vrouw = eine belgische Frau
-tie	das *t* in dieser Verbindung wie ein scharfes *s* (dass)	vakantie = Urlaub, receptie = Rezeption
w	wird am Wortende nicht ausgesprochen	vrouw = Frau
z	wie stimmhaftes *s* (Sommer)	zaterdag = Samstag, lezen = lesen

Wichtige Besonderheiten bei **Vokalen** bzw. Vokalverbindungen.

Buchstabe(n)	**Aussprache** ***(ggf. mit deutschem Beispiel)***	**Niederländisches Beispiel**
au/ou	wie *au* (Frau)	augustus = August, oud = alt
e/ee	unbetont: wie stummes *e* bzw. der „Schwa-Laut" [ə] (Junge)	meneer = Herr, tante = Tante
	betont: wie *e* (Mensch)	met = mit, werken = arbeiten
	lang:* wie *ee* (Meer)	meneer = Herr, Nederland = die Niederlande
ei/ij	wie *ä* + *j*, z.B. im französischen „Marseille"	klein = klein, jij = du
	Ausnahme: Suffix *-lijk* wie stummes *e* bzw. der „Schwa-Laut" [ə] (Junge)	vriendelijk = freundlich
eu	wie *ö* (schön)	leuk = schön
ie/ië	ein langes *i*, das aber kürzer als im Deutschen gesprochen wird	vriend = Freund
	ein Trema (··) auf dem *e* gibt an, dass das *e* gesprochen wird	België = Belgien
-ieuw/ -eeuw	wie ein langes *i* bzw. ein langes *e* gefolgt von einem *u* (das *w* wird nicht gesprochen)	nieuw = neu, sneeuw = Schnee
oe	wie *u* (gut)	goed = gut
u	kurz:* etwa wie *ö*, aber der Mund dabei weniger geöffnet (Geröll)	zus = Schwester
	lang:* wie *ü* (Tür)	halfuur = halbe Stunde
ui	etwa wie *ö* gefolgt von *j*	huis = Haus

(* Siehe Seite 10.)